视己

在不确定的时代
活出有掌控力的人生

为

吴亮

著

机械工业出版社

CHINA MACHINE PRESS

图书在版编目（CIP）数据

视己为人：在不确定的时代活出有掌控力的人生 / 吴亮著. —北京：机械工业出版社，2023.5

ISBN 978-7-111-73055-2

Ⅰ. ①视… Ⅱ. ①吴… Ⅲ. ①职业选择 Ⅳ. ① G647.38

中国国家版本馆 CIP 数据核字（2023）第 087806 号

机械工业出版社（北京市百万庄大街 22 号　邮政编码 100037）

策划编辑：华　蕾　　　　　责任编辑：华　蕾　王　芹
责任校对：丁梦卓　李　婷　　责任印制：邬　敏
三河市宏达印刷有限公司印刷
2023 年 7 月第 1 版第 1 次印刷
147mm×210mm·10.25 印张·1 插页·195 千字
标准书号：ISBN 978-7-111-73055-2
定价：79.00 元

电话服务　　　　　　　　　　网络服务
客服电话：010-88361066　　机　工　官　网：www.cmpbook.com
　　　　　010-88379833　　机　工　官　博：weibo.com/cmp1952
　　　　　010-68326294　　金　书　网：www.golden-book.com
封底无防伪标均为盗版　　机工教育服务网：www.cmpedu.com

谨以此书，献给我的宝宝，愿你活出你自己

"我可以活出自己"

心理健康、个人成长、幸福体验等话题，正在被越来越多的人关注，并已成为挑战日益加剧、人性愈加解放的现代社会的核心议题。

这一议题，同样出现在职业生涯领域。如何选择一份真正适合自己的工作，既能以此安身立命，还能在其中持续成长、绽放光彩，体验到愉悦和意义？这是我们每个人都关心的问题。作为我曾经的学生，吴亮早在硕士阶段就对此有所思考。在他毕业后的十几年间，我们每年都会见面交流。几乎每次见面，他都会分享他将心理学（尤其是人本主义心理学）应用于企业组织建设与人才发展的实践感悟，分享他用心理学的理论和方法助力自己或支持他人生涯发展的心得体会。作为吴亮曾经的老师，我欣慰于他能不忘初心，带着研究的态度和人本的关怀，持续投入到生涯发展的实践之中，并以真诚的态度凝结成了你眼前的这本书。

我本人的研究和教学工作主要面向学生、家长和教师，他们并非书中谈及的典型职业人。然而，有一点是相同的：在朝夕相处之间，有相当多的人告诉我"压力山大，身不由己"——学生觉得家长和老师不理解自己，以致不能自在地学习、生活和玩耍，或是无奈地学着自己不感兴趣的专业，想到未来又深感迷茫；家长觉得自己不容易，起早贪黑，为生活奔波，为工作忙碌，似乎也不能按照内心意愿生活；老师同样感到很难，要让学生满意、家长满意、学校满意、社会满意，责任越来越大，不敢有所闪失。

这些声音共同汇成一个问题——我们究竟该怎么活，该如何开启自己的职业生涯？在书中，吴亮鲜明地亮出了自己的观点——视己为人，或是真正的答案。对此，我深以为然。

"视己为人"的源头，可追溯到人本主义心理学。人本主义心理学大师卡尔·罗杰斯指出，包括人在内的所有生物，都具有"实现倾向"。"无论是花朵或橡树，蚯蚓或漂亮的鸟儿，猿或人，我们都要意识到它们的生命是主动的过程，而不是被动的过程……当然，这种实现倾向可能受挫或是扭曲，但是在不消灭生物的情况下，它不会消失。"⊖在书中，罗杰斯还以一长段极富诗意的话来帮助我们理解其意，"我记得童年时代，我们把冬天要吃的土豆放在地下室的储物箱里，地下室上方不远处有个小窗户。这种环境不利于土豆生长，但是土豆总会发芽——淡白的幼芽，与春天播种在土壤里抽出的健壮的绿芽完全不同，但是这些细长的幼芽会伸向窗外远处的光线。这些幼芽的发育是异常的、徒劳的，

⊖ 罗杰斯. 论人的成长（第二版）[M]. 石孟磊，邹丹，张瑶瑶，译. 北京：世界图书出版公司，2019：102.

是我所说的定向倾向的极端表现。它们永远不会长成植物，也不会成熟，更不会实现其真正的潜力。但是在最恶劣的环境下，它们依然尽力去实现自己"[⊖]。

事实上，无论环境是否支持，无论自身是否觉察，"活出自己"都是我们天然具有的倾向，土豆如此，人更如此。那么，如何才能促使这种倾向成为现实呢？

按照罗杰斯的观点，有三个要素影响巨大，那就是我们能否"真诚"待己待人，能否对自己和他人做到"无条件积极关注"和"共情理解"。此三要素，既是所有心理咨询发挥效果的关键基础，也被发现在婚姻家庭、教育培训、组织管理，甚至国际关系等领域起到重要作用。

说到个人发展和职业生涯，环境的不确定性加剧了人们的困境，而走出困境的前提，是一场深刻又持续的自我探索。这的确是一条漫长的道路，前行路上若要带上什么的话，我建议把这句话放在心里——"我可以活出自己"。这当然不是指我行我素或自私任性，而是意味着，一个人要主动去觉察和尊重自己的内在动机、力量，在行动中不断发现自己的优势、热情，不断鼓励自我，勇敢绽放。

同时，假如你已组建家庭，或身为企业家、管理者，我也真诚建议你有意识地建立一种支持性的环境，这将令组织和个人受益匪浅。这会让组织里的成员感到"我可以活出自己"，

⊖ 罗杰斯. 论人的成长（第二版）[M]. 石孟磊, 邹丹, 张瑶瑶, 译. 北京：世界图书出版公司, 2019：102-103.

从而促进每一个人的自我实现，并构建起更有生命力的组织。

作为师承人本主义心理学家罗杰斯一脉的弟子，吴亮将上述思想很好地运用到了其日常生活和工作实践中，书中对此多有体现。此外，本书还描述了大量的真实故事，例如，吴亮提到多年前申请保留研究生入学资格，毅然奔赴西藏自治区志愿服务的往事，我很欣喜当时的沟通和处理。现在回过头来看，在他后来的人生中，这件事真的发挥了正向的作用。

还有一件事，吴亮在书中没有写，但我印象深刻。记得他研二时，我跟他聊起："你很有做研究的感觉，要不要考虑转博啊，从三年硕士转为五年博士？"让我没有料到的是，这小子居然斩钉截铁地说："感谢老师认可！不过，我已打算先到社会去闯荡、去实践。"如今看来，吴亮这种尊重内在声音、不为"诱惑"所动的态度，也正是他"视己为人"的映照。

身为吴亮曾经的老师，当我初次翻开本书时，我们师生间再次共鸣，"你或我，都可以活出自己"。相信随着你打开这本书，边阅读思考边尝试行动，你就会明白我这话的意思了。

是为序！

伍新春
北京师范大学心理学部教授
中国心理学会临床与咨询心理学专业委员会主任

自序

人，究竟为什么活着，如何才能幸福、绽放？

六岁时，这个问题萌芽于内心，继而引领我进入北师大心理学院[一]的大学生涯，并使我确定了人才与组织发展的终生志业。

这个问题关乎生活的全部，而其中的关键构成因素，是我们的工作。

工作，是人一生中投入时间最多的地方之一，并深刻影响着我们生活的品质。

▶ 工作带来回报，为生存提供保障，使生活改善成为可能。

▶ 工作伴随体验，影响着你我每一天的身心状况、情绪起伏。

▶ 工作引发成长，让我们得以磨砺，从而更好地成为自己，也成为更好的自己。

▶ 工作承载意义，使自我实现和拥抱更广阔的世界成为可能。

可以说，在感知幸福，走向美好人生的路途上，工作至关重要。

[一] 作者于 2001～2005 年及 2006～2009 年就读于北师大心理学院。2016 年，心理学院和脑与认知科学研究院合并成立心理学部。

如何帮助更多人选好工作、做好工作，并在其中获得成长、绽放自我，这是过去二十年我思考得最多的问题。

攻读硕士阶段，在导师伍新春教授的带领下，我开始研究"工作特征与工作者的投入或倦怠"，发现工作造福于人，但也可能伤人。同时，我有缘向侯志瑾教授、金树人教授学习"职业生涯规划"，看到了不管工作是福是祸，人人皆可提前有所准备。

职业生涯十几年，我与各行各业的职场人士打交道，或以 HR 身份深入其中，或以咨询顾问身份为其近距离提供支持，同时还以职业生涯规划课讲师的身份与来自各行业的人士互动。我深切感知到，面对越来越不确定的环境，今天的职业人相当不易。

越来越多的人感叹，自己坠入了"内卷"；还有很多人在不断拥抱变化中愈加烦躁，缺乏有效的经验积淀和面向未来的能力令人茫然；新冠疫情加剧了经济环境的不确定性，使得人们忧虑明天，甚至在当下就遭遇了职业危机。

有些人开始大声疾呼，企业组织需要把员工真正当作人来对待——"视人为人"。这是职业人体会到内卷与感到无力时的呐喊，是不想再被当作工具人的渴望，是越来越多正在觉醒的人的呼唤。

"视人为人"与"视人为物"的关键不同在于，人究竟是目的还是手段，人究竟是有着自主意识和七情六欲的真正的人，还是仅仅是人力资源。

在我看来，企业组织的责任不可推脱，组织进化也任重道远。然而，更根本的问题是：我们究竟如何对待自己，是"视己为人"还是"视己为物"？是无条件地接纳自我，以内在动机指导选择、牵引行动，以内在力量迎接挑战、创造机遇，还是被动地被环境影响？

究竟如何经由工作，让自己发展得更好，活出一个有力量的、绽放的、美好的自己？"视己为人"，或许才是真正的答案。

站在企业的角度，那些有志于建设一个有持续生命力的"长寿企业"，那些将战略瞄准科技创新或为客户创造真正价值的"卓越企业"，必然清楚，这些使命愿景，绝不可能依靠一两个"神"带领着一群"物"来实现，必定需要一群自主能动、有创造力和情感的"人"才能完成。"视人为人"，必成未来企业的洪流，而"视人为人"的前提则是提供更自主、胜任、联结的环境，促进每一个人"视己为人"。

我们中的很多人都已为人父母，想到下一代时会有很多的期盼、祝福。

再过两个月，我亲爱的孩子也要出生了。看着B超显示器上宝宝的影像，我想，自己不能承诺让他/她赢在起跑线，不能承诺帮他/她解决世间一切难题，也不能寄望其出人头地、功成富有。我仅将"视己为人"作为给他/她的生命礼物，始终鼓励和支持他/她作为一个真正的人幸福、绽放地活着。

愿与君共勉！

吴亮

于北京

目录

第
2
章 **身心状态**
再出发，从"慢"下来开始 / 68

PART 2
第二部分 行动

第
3
章 **认识自己**
拥抱你的独特，用优势和热情开路 / 100

第
4
章 **认识环境**
抬头看天，主动选择人生的赛道 / 138

从迷茫到绽放，
从危机到转机

拥有一份理想工作，是很多人的愿望。

有人信奉"努力论"，从小被告知"有心人天不负"，无论面对什么挑战，都愿竭尽全力，并相信生活一定会给自己回报。

还有人信奉"匹配论"，他们被告知要用心倾听内在的声音，如果能看清自身特点，并将之匹配到相应的行业、企业、岗位上，那么就能成功。

在两种传统理论之外，"赛道论"也逐渐兴起。一部分人将之解读为不断找风口，断定"当风起时，连猪都会上天"，并在职场中如跳棋般跳来跳去；另一部分人则相信"大树底下好乘凉""上了大船无风浪"，渴望加入知名大企业，或考公务员、事业编等，认定只要进去，就能高枕无忧。

上述几种理论的信奉者都不少，似乎认为做到相应的事情就能获得职业成功，但现实的确如此吗？

过去十几年间，在近距离陪伴多家企业、上万职业人的过程中，我清晰地感知到，商业环境的不确定性正在加剧，企业组织的稳定性愈加减弱。在这一背景下，认为努力就有回报者，却发现这不过是生活的泡影；相信匹配就能找到真爱者，后来意识到自己在刻舟求剑；找"风口"的人，则高估了自己对风口的把控力，在风停后重重摔下；而"大树底下"或"上了大船"的人，不只发现大树下可能难长草，更觉察到有从这艘大船上被甩出的可能。

职业生涯领域最著名的研究者之一马可·萨维科斯（Mark L. Savickas）教授指出，在数字化革命的今天，我们曾经熟悉的稳定性和安全性，已让位于组织的流动性和职业的多变性[1]。

在动荡不定的环境中，通用电气前 CEO 杰克·韦尔奇于 1990 年前后提出的"无边界组织"[2]，正在成为商业世界的主流，而身处其中的职业人发现，过往确定的和可预测的职业生涯路线不复存在。努力、匹配、赛道的重要性毋庸置疑，但僵化于某一种做法，似乎都不再管用——我们需要一套新的理念和做法，来面对未来的职业生涯。

▌希凉的故事：
一个普通人的职场危机

中秋节后，北京渐凉。周一，窗外的雨淅淅沥沥，环路上塞满了汽车，而希凉却不必去赶这个恼人的高峰。他斜趴在床上，刷着短视频，一条又一条。直到被温柔声音惊起："老公，我上班去了，顺道把孩子送去幼儿园。你赶紧起来，改改简历，肯定能找到新工作的。"

起身喝了口水，希凉又躺了下去，望着天花板发呆，似乎胳膊也抬不起来了。

一个半月前，希凉在连续拿了两次绩效 C 后，被前公司"请"走了。他没有埋怨，拿两次 C 就走人，这是大家都知道的，况且这确实有他自己的原因。但想一想，又觉得哪儿不对劲。

希凉一直觉得自己适合做内容，大学毕业后，一直在一家新媒体公司工作。工作是项目制，有时忙到"爆"，有时就转载些文章，闲等合伙人拉项目。三年前，知名企业 H 公司想搞内容营销，找到他，希凉想想，结束了在小公司风雨飘摇的生活。事实上，他当时还有其他 Offer（工作机会），但希凉感觉自己和 H 公司这边的主管投缘，他相信"跟对人比做对事儿重要"。

不巧的是，希凉入职才两个月，这位主管就被调走了。此后一年多，先后又来了两任主管，每次都是刚混熟，主管不是转岗就是离职。

一年前 H 公司架构重组，内容营销暂缓，公司把希凉调去补充销售队伍。他心想，自己哪儿会销售啊，别看平时挺能说，但能说和能卖是两回事，这些年来，自己只会运营微信公众号和微博，连短视频也才是半年前赶鸭子上架现学的。

实际上，架构重组时，传言市场部也需要人，希凉犹豫过要不要争取，但想到市场部那边自己也不熟，就服从了公司安排。

希凉干了半年销售，业绩还不如比自己层级低的同事，第一次绩效得 C 后，主管和 HR 商量，换希凉去运营团队帮忙，作为中台协助处理报表。然而，调过去才第三天，希凉就把主管坑了，原来他在拉 Excel 表时少拉了一行。主管瞪了眼但没有拍桌子，但希凉心里一颤，感觉自己会不会再拿个绩效 C。等到年度评估时，由于绩效按照 271 分布[⊖]，表现不佳的希凉果然又拿了个 C。

主管和 HR 是好人，工作上也是能不做坏人就不做，所以没有立刻请他走，而是开启了绩效改进期。但希凉的状态却越来越糟，每天低着头，恍惚时就想打两把王者荣耀，甚至常常离开座位让人找不着。

2020 年初以来的新冠疫情，让这个行业越来越不景气，公司在销售上发力快一年，起色并不明显，于是开始节衣缩食，人力和财务联合搞起了人才盘点。这一盘点就发现了希凉。

传说中的"小黑屋"是明亮的，但离职谈话总令人开心不起来，想到自己明年就要满 31 岁了，希凉的心空落落的。他想发火，想怪公司，但好像又没力气。他更对自己失望、对未来感到焦虑，一想到未来就一阵心慌。但此刻他知道，自己没法在公司挣扎了，公司在 N+1 法定赔偿基础上，还给

⊖　20% 的员工表现超出期望，70% 符合期望，10% 低于期望。

了他一个月的离职缓冲期，似乎仁至义尽了。捂着快要窒息的胸口，他迅速签了字，缓缓走出会议室。

是的，我们面临的变化太剧烈，我们的境遇太不受自己掌控。

有人会想，如果希凉能一直做新媒体内容，会不会很好。

也有人会想，这真得怪他自己，怪他自己没有随环境的变化不断提升自己的能力，怪他自己将青春时的迷茫化作了而立之年的危机。

02 昇畅的故事（上）：
是不是优秀就足够了

如果说希凉是职场 Loser（失败者），那么，让我们来看看职场"卷王"又是怎样的。

2020 年，昇畅收到一条前公司高管发的短信，"昇畅，我也要离开 B 公司了，想跟你说，你是我见过最优秀的同学"。盯着手机屏幕，她双眼泛红，这句鼓励，迟到了四年。

回忆一下拉回到 2016 年，昇畅在 B 公司的最后时刻，她经历了职业生涯最大的认知颠覆和心理震动——她来公司三年了，每一年都是绩效最高的员工，但她被裁员了，原因是公司不再需要战略团队。

当初昇畅从咨询机构来到 B 公司，不只是因为可以进到快速发展的互联网行业，同时也是因为被这家巨头的人才观所吸引——公司愿意给员工最大的空间去施展自己的才华、发挥自己的创意。

三年里，昇畅被动调整了六个岗位，送走了三个直接汇报的高管，但这些变化带给她更多的不是阵痛，而是一次次挑战全新领域时对好奇心的满足和事事都能搞定的成就感。从刚加入时连例会内容都听不懂，到后来能在一群聪明头脑中脱颖而出、独当一面，B公司给了昇畅撕裂式的成长、视野的开拓、优质的人脉。这三年，也是移动互联网快速发展的三年，她在这里见证了很多模式的诞生、很多令人兴奋的造富神话。

三年里，昇畅也送走过很多同事，但她从未想过自己会有"被离开"的那一天，从入职到现在，从最佳新人到最佳员工，再到最佳经理人，她年年都被推举为公司最佳。因此当传言部门要被整体裁撤时，她心里暗想自己肯定会被老板留下。然而，当走进一个房间，听到"被裁员且无例外"的那一刻，昇畅出乎意料到当场痛哭。那是她第一次意识到，在职场中，并不是只要努力到优秀就够的，即便能快速拥抱变化，似乎也不够。

之后一周，昇畅每天宅在家里蒙着被子，情绪持续低落，她痛恨公司的无情和荒谬，连一个年年最佳的员工都不留，还配称业界领先？她也笑自己的无知和幼稚，感觉这几年汗都白流了，感到常常在凌晨一点钟对着自己写的报告得意是一种多么愚蠢的行为，难道这就是自己追求的发展？她陷入了深深的自我怀疑。从小得到的教导都是"要努力，要优秀"，此时昇畅在想，难道我还不够优秀？还是说优秀有时一点用都没有？

03 扎心的现实：
35 岁职场危机

希凉与昇畅的故事并不罕见，无论平庸还是优秀，我们都得面对职场上扎心的现实。

2017 年，某知名人才机构发布了《中年职场危机调查报告》，报告显示 52.8% 年龄在 35 岁及以上的受访者认为中年职场危机问题非常严重，并指出，这一问题在我国呈早龄化趋势，原本 45 岁的中年分水岭很可能在未来 5 ~ 10 年将提前至 35 岁[3]。

职场中开始流行一种说法，30 ~ 35 岁是职场"生死线"，连 90 后也开始调侃自己面临"中年危机"。同样在 2017 年，新华网推出大型网络调查"90 后真已陷入'中年危机'？"，近六成网友不认为 90 后算中年人，但同意 90 后遭遇"中年危机"这个说法。在引发 90 后焦虑的前三个因素中，有两个因素指向工作，分别是收入少、工作压力大[4]。

年龄危机，在看似光鲜的互联网行业尤其严重。来自某互联网人才社区的报告显示，目前大型互联网企业员工的平均年龄从 27 岁到 33 岁不等[5]。员工队伍年轻化的背后，隐藏着互联网人随年龄增大越来越焦虑的职场困境。

如果说互联网行业更倾向是年轻人的世界，那么其他行业呢？国内某知名招聘网站发布了《2021 大学生雇主招聘观察报告》，报告显示，2021 年雇主的员工平均年龄 33.5 岁，其中国有企业员工平均年龄 35 岁[6]。随意翻看各个招聘启事，也不难发现，多数职位都或明或隐地限制了年龄，通常要求 35 岁及以下，少数高级职务可以放宽到 45 岁。即便对于公务员、大学老师，也如此[7,8]。

大洋彼岸又如何呢？某网站对美国 1011 名科技工作者进行的一项调查发现，有 43% 的受访者担心因大龄而失去工作，且近 1/5（18%）的受访者表示"一直以来都有这种担心"[9]。

04 职业身心健康：
发生在每一个日常的"慢性病"

除了因年龄带来的职场困境，职业人还常经受身心方面的困扰。

2019 年初，网络上开始流行 996.ICU 的说法，一时间讨论者络绎不绝，大家纷纷声讨以互联网公司为代表的过劳型工作方式。

996 代表工作时间（每天早 9 点至晚 9 点，每周工作 6 天），ICU 代表可能的后果。实话说，996 是带有夸大化、误解化的说法，我跟爱人都在互联网公司工作过，除每年的个别时间外，同事们均有双休。罔顾这一客观事实的背后，体现的是一种情绪，乃至生存状态，那是一种"拿命换钱"的状态，是一种失去对人生的掌控的状态，每天有处理不完的事、操不完的心，以致有人真的可能进 ICU。

与 996 相伴而生的，是"内卷"，作为流行词，它大约兴起于 2020 年。大家发现一天从早忙到晚，但干的多是低水平的重复工作，既未创造明显价值，又没带来个人成长和发展。失落乃至苟且的情绪蔓延开来，进而催生出躺平、佛系等一系列现象。

某知名招聘网站曾发布《2019 年职场人健康力报告》，报告显示 93.4% 的白领认为自己的负面情绪来源于职场，同时 78.9% 的白领认为自己存在焦虑现象，74.9% 的白领感到迷茫[10]。

某知名心理健康平台发布的《2020 年大众心理健康洞察报告》显示，58.4% 的受访者受到颈椎、腰椎不适的困扰，超过 1/3 的受访者因工作受到失眠、头疼、脱发、肥胖的困扰。特别地，报告还指出，有近 60% 的受访者表示正在经历不同程度的职业倦怠[11]。

类似的现象不限于国内。2021 年，国外某机构的一项全球调查发现，92.3% 的员工表示正经历工作场所、新冠疫情期间的工作体验、个人生活相关压力所带来的职业倦怠（调查将此定义为"由长期压力所造成的身心疲惫，可导致负面后果，包括与工作的精神距离加大和职业无能感"）[12]。

在职业倦怠这一研究领域，临床心理学家赫伯特·弗罗伊登伯格（Herbert J. Freudenberger）是学界公认的倦怠研究之父。1974 年，他在 *Journal of Social Issues* 上发表了题为 "Staff Burnout" 的文章[13]，采用"倦怠"一词描述工作中个人所体验到的一组负性症状。

该领域著名研究者克里斯蒂娜·马斯拉奇（Christina Maslach，1981）等将职业倦怠定义为，"在以人为服务对象的职业领域中，个体的一种情绪衰竭、去人性化及个人成就感降低的现象"[14]。此后学者们发现，职业倦怠并不局限于"以人为服务对象的职业领域"，它可以拓展到几乎所有职业领域[15]。

职业倦怠的后果非常严重，学者李永鑫曾梳理，倦怠可能导致头痛、关节疾病、高血压、肌肉酸痛和慢性疲劳等生理问题，还可能导致焦虑、抑郁、睡眠障碍、情绪障碍等心理问题。此外，倦怠还会影响到员工的工作满意度和工作绩效[16]。

05 反思：
职场困境背后的真正原因

综合来看，职业人的困境常有如下表现：

▶ 内心缺少踏实感：工作内容繁多、模糊、常变，并且无论公司还是上级，都很难给自己的未来指明道路，以致职业人内心慌乱、茫然。

▶ **缺少真正的成长**：经验上，缺乏可持续放大价值的沉淀；能力上，被动地碎片化成长；职业发展上，因为组织频繁进行架构调整或主管变动，职业人需不断从头证明自己。

▶ **成就感缺乏**：因频繁被动调整，职业人总在做准备性或开头性工作，长时间从事低价值重复性劳动，个人没有成就感，做起事来没有热情。

▶ **适应性渐弱**：随年龄增长，身体机能下降，对于快速学习以应对变化以及高负荷工作，越来越吃不消。

▶ **掌控感下降**：常有一种"无论我做什么，也难影响局面"的习得性无助，感觉事情或个人发展都不受自己掌控，该做的工作还在做，但内心慢慢躺平。

▶ **不再被需要**：综合上述情况，时间一长，职业人很容易陷入可有可无的不被需要的境地。

困境背后的原因何在呢？

先来看组织环境因素。2010 年，本人曾在学术期刊《心理科学进展》上发表综述文章《工作特征对工作者的影响》对此进行探讨[17]："组织环境中的工作特征，分为工作要求与工作资源。工作要求指工作中物质、心理、社会、组织方面的要求，需持续不断的身体或心理上的努力 / 技能，伴随身心消耗。具体包括情绪要求、人际要求、工作量、时间压力、工作职责、角色冲突、工作家庭冲突、工作物理环境等。工作资源指工作中物质、心理、社会或组织方面的资源，有助于达成工作目标，减轻工作要求及身心消耗，并激励个人成长和学习。具体包括工作控制、社会支持、报酬、职业机会、任务重要性、反馈指导、组织公正等。"

网络上常提到的一些现象，都可以视为工作要求的不合理或工作资源的缺乏。比如：

▶ **超长工作时间**：大小周、996（温和而诱惑的做法是，19 点班车、20 点免费晚餐、21 点打车报销等），以及随时随地（哪怕假期或半夜）要回复的企业微信、钉钉等。

▶ **严厉打压划水**：监控员工电脑，看其有效工作时长，传闻个别企业甚至监控员工上厕所的时间等。

▶ **KPI 或假 OKR 制度**：制定时，员工缺乏真正的商讨权；执行时，因层级、部门墙等彼此隔绝；打分时，上级独断专权。

▶ **末位淘汰制度**：看似合理（"企业是商业组织，要考虑生存"），操作却漏洞百出。不少工作难以量化，定谁是"末位"的操作空间大，辅之 PUA[⊖]的手段，导致员工自感是 Loser。

　⊖　指上级打击员工的自信，从而达到从精神上控制员工的目的。

▶ 频繁变动的组织架构和工作内容：一年一大调，半年一小调，平时随时调。

▶ 人多事少：缺乏足够的业务增长点，团队、人员间抢事情、划地盘，甚至罔顾客户价值生造项目，大家抢功、甩锅、内卷、互怼。

事实上，这些现象背后，还有深刻的时代原因和宏观原因。

早在 20 世纪 90 年代，就有人提出了"VUCA"的概念[⊖]，用来描述冷战后越发不确定的世界。此后，VUCA 也被商业领袖用来描述混乱多变的商业环境。而如今，贸易战、后新冠疫情，还有日新月异的科技及商业模式创新，令 VUCA 无处不在。

越来越多的组织领袖和管理专家在关心 VUCA 时代的商业战略和组织成长，却少有人关注到 VUCA 时代员工的命运。

环境不确定，导致企业战略和打法难稳定，这客观上造成员工工作任务模糊多变，没有人可以做到给员工一个长期明确的工作任务，有时甚至还要靠一线人员尝试摸索，反过来发现企业的新机会。战略多变，组织架构也多变，员工隔三岔五换部门或主管是常见的事。这同时还带来工作边界的模糊，由此诞生大量多线汇报、虚实线汇报以及项目制工作。

⊖ V，volatility，易变性；U，uncertainty，不确定性；C，complexity，复杂性；A，ambiguity，模糊性。

员工一个人汇报 N 个主管，同时与多个团队打交道，工作中的人际关系极不稳定，经常处在需要重新熟悉新队伍、新队员、新协同方的状况中。

为应对 VUCA，企业欲打造以"召之即来，来之能战，战之能胜，胜完即散"为宗旨的敏捷型组织。这顺应了客观商业环境，是企业发展甚至生存的需要，本无可厚非。但此情况下，员工面临的挑战不可避免地越来越大：工作任务模糊多变，人员关系极不稳定，未来发展难以预料。

与敏捷型组织配套，不少企业将"拥抱变化"作为核心价值观，并倡导员工要皮实、乐观。而越来越多的员工却将之解读为 PUA 和洗脑，抨击企业不够视人为人，质疑其为何不提供宽松的工作环境、丰厚的物质待遇和有前景的发展路径。

作为劳动人群的一分子，我同样有此困惑。然而将心比心，企业也希望大环境始终有利于自身，各种政策、资源持续利好，最好其他企业还能靠边站，自己不用费力就能建立并保持优势地位，但这些显然是幻想。

宏观环境与企业组织因素当然不可忽视，但多年陪伴企业和工作者个体的经历让我看到，这些只是导致你我职场困境的外因，作为一个大活人，我们还得经常自问："对此，我能做什么呢？"更根本的因素在于，面对越来越剧烈的变化，我们的态度和行为，究竟是"没有主心骨地疲于应对"，还是"'万物皆备于我'地主动创造"。

两种截然不同的态度和行为，会导致极为不同的结果（见

图 0-1)。前者会加剧甚至从根本上导致上述职场困境，后者则可能带来：

> ▶ **内心的踏实感**：了解自己的优势、热情何在，清楚"我要去哪儿"。

> ▶ **真正的成长**：实现主动式成长、系统性的经验沉淀。

> ▶ **内在的成就感**：以内在目标为指向，甚至拥有"做此事即为享受"的绝佳状态。

> ▶ **不再靠拼身体蛮干**：持续的有效积累带来边际效益的增加和边际成本的降低。

> ▶ **对未来感到乐观，充满掌控感**：一种操之在我的状态，认为自己的命运自己说了算。

> ▶ **变得不可或缺**：能持续创造价值，且有随时可以离开的底气。

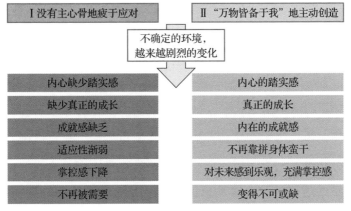

图 0-1 在不确定的环境下，两种态度和行为带来的结果对比

06 出路：
从视己为物，走向视己为人

面对不确定的环境，究竟是什么原因使得一个人可能采取截然不同的态度和行为呢？

让我们先回到希凉和昇畅的故事。

当希凉躺在床上无助地刷着手机时，当他认定自己就会做新媒体内容而在其他方面并无天赋时，当他犹豫要不要争取市场部机会，而最终只是服从公司安排时，当他因为粗心犯了错就担忧自己是不是肯定会拿绩效 C 时，作为一个人，希凉是什么？

在他的内在假设中，环境的力量很大很大，自己的力量很小很小，过去的影响很大很大，未来的可能很小很小，似乎有某种东西在操纵着自己的命运。

当昇畅一次次努力搞定事情，让自己变得优秀时，当她笃定自己作为年年最佳员工必定会被公司珍惜留下，但走进"小黑屋"却听到"被裁员"的意外告知而痛哭时，当她痛恨公司，继而自我怀疑时，作为一个人，昇畅是什么？

在她的经历中，上学就要分数高，工作就要绩效好，如果公司让自己做一块砖，那么她马上可砌墙，让自己做一颗夜明珠也立刻能闪耀。似乎一切要求都难不倒她，一切标准她都可达到，但她从没想过的是，万一即便自己是夜明珠，别人也不要呢？

对职业人来说，我们究竟要做些什么，才可以让自己的职业生涯走得顺利、从容？才可以让自己少一些职业倦怠，多一些力量感、成就感和幸福感？

从战略上，我们首先要明确自己想要怎样的生活，自己的长期目标是什么，并据此选择最适合自己的职业道路。从战术上，我们需要保持学习成长，不断提升能力，同时积极构建支持性的人际网络等。

然而，我想说的是，我们首先需要，并且可以作为一个人一样活着。

在企业实践领域，存在两种对人的隐喻：其一将人看作世间一种特殊的存在，人有自主性，需要被尊重和温暖；其二认为人如同机器，与物并无不同。这两种对人的隐喻源远流长，其区别在于：

- ▶ 人究竟是目的还是手段。
- ▶ 人究竟能掌控命运，还是被环境所改变。
- ▶ 人究竟是有着自主意识和七情六欲的真正的人，还是仅仅是资源或工具。
- ▶ 人的一生究竟是为了在绽放自我的同时造福他人（哪怕因此而冒险），还是为了换取成就、地位、金钱，或为了避免失败、惩罚、风险。

当以不同隐喻看待自己时，一个人或生长为"'万物皆备于我'地主动创造"的生命状态，或坠入"没有主心骨地疲

"于应对"的境地，这从根本上影响了一个人对事业成功和美好生活的不同定义及由此而拥有的命运。

07 昇畅的故事（下）：
由危转机，通过内在探索开启绽放之路

让我们继续讲完昇畅的故事。

离开 B 公司后，昇畅花了很长时间才从情绪中缓过来，慢慢开始思考：到底哪个领域有长期机会。她做过 AI（人工智能）行业研究，认为最核心的是数据＋行业认知，顺此思路，她加入了产业互联网独角兽 K 公司。2016 年加入时，K 公司还只是一家几百人的中小公司，却在 5 年间快速扩张为员工上万的美股上市公司，成了当红"炸子鸡"。

入职头两年，昇畅是老板助理，每天工作 14 小时以上，似乎所有事都与她有关。她得到了很多认可，却未得到同龄人一样的晋升，因为没有什么成绩是真正属于她的。于是昇畅毅然转做业务，再之后，就是每年孵化一个新业务的节奏。她和团队夜以继日，学习、头脑风暴、快速试错，她在披星戴月中跨过了 30 岁门槛。这一年，公司进行第 4 次创新孵化，昇畅刚把上一个失败项目收尾、解散团队，就要一刻不停，甚至不能有任何情感粘连地再次出发。这就是互联网巨头强调的"皮实""心力"。从这一年开始，昇畅的身体和精力都不如从前，体检指标虽然没什么大问题，但就是反复出现皮肤湿疹、发炎、消化系统的小毛病。

一天深夜，她回到小区，门禁好几次刷不过，耳鸣一阵一阵，才猛然发现自己把工卡当成了门卡，那一瞬间，一串问题闯入她脑中：我的未来会是这样无限重复吗？我真的想在这里做到高管吗？做到又怎样？她感到自己像停不下来的陀螺。

从这一天起，昇畅强迫自己停下来，看看会发生什么。每到周末，她就会选择一天不开电脑，将自己从工作中抽离。然而，"停下来"比想象中难很多。最初两周，她再一次陷入深深的自我怀疑，因为她突然意识到：我已不能再像20多岁时那样把自己当作"牲口"来工作，但竟然不知道自己还能做什么。曾经的梦想是体验多种人生，所以她追逐挑战、不惧变化。而到30岁才发现，原来自己是这么无趣，除了刷手机、回复企业微信、写PPT、做表、开会，自己竟然不会做其他的了。停下来的周末，比连轴转的工作日还累。

又一个周末，昇畅瘫躺在沙发上，电视里播着没意思的节目，她对着天花板发呆，突然冒出一个问题："从小到大，到底什么是我发自内心愿意一直做，而无须任何外在评价鼓励的？"这直击灵魂的叩问，曾经在她看来如一碗满满的鸡汤，现在却似乎成了唯一的救命稻草。她从沙发上跳了起来，带着喜悦，脑子里蹦出了一件事：瑜伽！大学瑜伽课是昇畅习练的启蒙，毕业10年来，她时不时会拿出那块瑜伽垫，在上面做几个动作。

对啊，与其瘫坐着，不如做做瑜伽，看看会发生什么！于是，昇畅连夜查询"如何实现专业瑜伽进阶"，第二天一早便选定了一所学校。

接下来的整个冬天，昇畅没有"周末"，每个周六日都是清晨出发，日落才回。瑜伽学校同学的学历和职业背景大多不如昇畅"光鲜"，她们中有家庭主妇，有高中毕业就做瑜伽老师谋生计的，有一边在国企工作一边来养生的，也有来减肥的。然而，每个人都那么可爱和鲜活，这让昇畅从既往的惯性中苏醒过来，感受这座城市多元的真正魅力，看到作为人可以有的多种活法。三个月间，昇畅也从瑜伽小白，成长为能做出一整套高难度体式，并能作为老师上台带课的进阶者，她看到了一丝对未来的希望，"原来，我还可以是这样的昇畅！"。除了周末学习，平日每天一小时的习练也是她最期待的时刻，不管到家多晚都要完成。瑜伽，成了昇畅的一块"精神的自留地"。

公司的变化依然不受控制地每天发生着，第 5 次创新孵化来了。昇畅也依然保有好奇心，却少了"不假思索的立即执行"，反而多了一份"带有觉察的停顿"。她想，这是否值得我再一次全情投入？它是否在为我自己想要的人生提供营养？如果再一次遇到困难，我是否愿意去坚持？

新的一年很神奇，在数年马拉松般地备孕后，昇畅怀孕了。孕期，她请了当年仅剩的 10 天年假，考取了孕产瑜伽教练证书。瑜伽对她来说，有了更多意义，不仅令她处于孕期的身体舒缓，还让她拥有了一件在情感上可依托的事，她感觉到有一条自己选择的完全属于她的人生主线在渐渐形成。

工作上的挑战如常继续，但昇畅却从容了许多，那块"精神的自留地"让她心绪平静，有更充沛的精力投入工作，同时她也觉察到，可以把公司内部新的创业项目视作未来做自己的事情的提前操练，终有一天会水到渠成。

昇畅，让我看到一个人在发现自己、寻找人生道路上的进阶旅程。她或许就是你我的缩影：我们来到大城市打拼，想要出人头地；我们笑过哭过，兴奋过也疲惫过，却从没有放弃探索；我们一直寻找如何实现更好的职业发展的答案，说到底，是在寻找自己作为人的意义和幸福。

▌▌本书想要探讨什么

谈到职业发展，已有太多的书试图在技能、方法上，或大势、风口层面给大家带来帮助。面对环境的不确定性和成天漫谈 996、内卷的周遭，面对已足够工具化的世界，我只想和读者朋友们交流一下，作为一个人，我们可以很好地活着，当然也可以走好职业路。

对于如何走好职业路，学界有长期探索，理论方面的典型如"个人 – 环境匹配模型""生涯发展理论"等。前者由帕森斯（Parsons，1909）提出，经霍兰德（Holland，1997）发扬，它回答了西方社会伴随个体化、城市化等而产生的问题"上班族如何才能与职业达成最佳匹配"。后者由舒伯（Super，1957）提出，欲回答"如何在科层制的组织中攀登自己的生涯阶梯"。两个理论都诞生于职业环境稳定、可预测的时代。而数字化革命的当今，尽管科层制依然存在，无边界组织却在渐渐兴起，"生涯建构理论"（Savickas，2005）应运而生[1]。

上述理论，尽管在理论及其应用层面各有不同，但相似的是，当一个人要对自己的职业生涯进行有效探索、决策及提升时，必然涉及相应环节："认识自己""认识环境""目标引领"，以及在此基础上形成的"职业身份与命运"。

深入以上环节，"视己为物"与"视己为人"两种理念会产生不同做法（见表 0-1）。"视己为物"隐含了人是固定不变的、被决定的、关注外在标准的等假设，或是巧合，这恰与稳定、可预测的职业环境更匹配。而在不确定的环境中，个体更需要关注内在的动机与力量，并在与环境的互动中发现自己的优势、热情和长期目标——这些正是本书渴望带给读者的。

表 0-1 职业发展关键实操环节：视己为物 VS 视己为人

职业发展关键实操环节	"视己为物"典型做法	"视己为人"典型做法
认识自己	• 僵化：以外部标准框定自己，忙于做题和找标准答案	• 积极与开放：不断发现自己的优势、热情，并保持正向思维

（续）

职业发展关键实操环节	"视己为物"典型做法	"视己为人"典型做法
认识环境	• 盲目：在自己的小世界里蒙眼前行或纠结	• 顺势：睁眼看世界，且顺势而为
目标引领	• 模糊与割裂：①没有目标；②目标要么过于短视，要么落入空想；③看似长短期目标都有，两者却相互脱节	• 联动与迭代：以愿景引领短期目标，以现实反思长期目标，不忘初心、动态调整
职业身份与命运	• 自我设限：未找到职业上行的秘诀，以及除了打工，未发现更多的可能性和路径	• 自我突破：以更宽广的视野看待职业发展，并持续突破自己

另需说明的是，在既往职业发展理论中，并不会特别强调"身心状态"这一因素，但我在职业生涯课教学及咨询实践中发现：职业人平日多处于忙碌或慵懒的两极，无论哪极，均是沿行为惯性的自动导航状态。在其中，人似乎将自己交给了任务、他人或环境，这正是"视己为物"的某种状态。随之而来的，或是身体疲乏，或是精神恍惚，这时，若直接开启"认识自己""认识环境"等环节，几乎无人能做到，甚至没有这份心情去做。

因而，我认为，在职业探索中，应加入"身心状态"这一因素。职业人需使自身先慢下来、平静下来，进而感知到身和心，觉察到生命力，开始欣赏四周的光影、人物。这是一个觉知不断扩大的过程，只有以此为起点，才能开启真正有效的探索。同时，"身心状态"也是能否在日常中实践有意义的工作与生活的关键。

此外，我们还需要看到，工作哪怕再重要，也只是完整生活的一部分，加之生命的流动、不确定性，如何"走向美好生活"才是我们终极关注的落脚点。

综上，本书架构如图 0-2 所示。

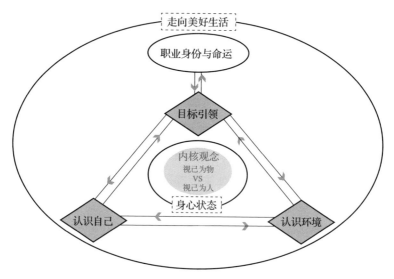

图 0-2 本书内容架构

这是一本写给普通人，尤其是正在经受职场困境的朋友们的书，打拼不易，而我们都渴望活出"人"的滋味。本书存在的最大价值，是在视己为物的洪流中，再次发声强调历史上很多前辈反复强调的"人之为人"的理念，同时提供一些可实操的参考做法。每当想到王阳明、亚里士多德等先哲，想到马斯洛、罗杰斯、塞利格曼、契克森米哈赖、德西等心理学家，还有曾经给予过我言传身教的老师们，我就感到他们与本书深深的共鸣。

本书当然不是灵丹妙药，这不仅是因为身为作者的我实在平凡、尚在路上，而且是因为自我探索和成长是一个过程而不是一个答案，真正能帮到一个人的终归是他自己。

本书是一本开放的书，且必然有误，十分欢迎视己为人与视人为人的你将发现的错误或更好的建议、思考，发送给同样视己为人与视人为人的我。

如同张桂梅校长所创的华坪女子高中的校训：

"我生来就是高山而非溪流，我欲于群峰之巅俯视平庸的沟壑。"

希望你我一起走出职业生涯乃至人生的困境，在不确定的时代活出有掌控力的人生！

更如同人本主义心理学的主要代表人物之一——卡尔·罗杰斯所说的：

"美好人生不是一种已经适应、充分满足的或业已实现的状况。人的生命，在最好的状态下，乃是个流动、变化的过程。"

让我们一起来探索和开启这个美妙的生命过程吧！

PART

第 一 部 分

起 点

内核观念

启动"第三种力量",不做工具人

　　昇畅一直很优秀,在被 B 公司裁员前,年年获得最佳员工称号,而她来到 K 公司后,又从分析师成长为业务团队负责人,但总有一种悲催的情绪在忙碌之余涌上心头:似乎自己只是一个很好使的工具,一项工作做与不做,一项业务是否继续,自己决定不了,只能被动接受、随之飘摇。就算自己本身做得很好,也顶多被人贴上"有用"的标签,一旦对方不再需要,对自己可以用完即弃。

　　直到重新发现自己内心的热情,拾起搁置 10 年的爱好,她才开始感到阔别已久的愉悦,并畅想未来的生活。而日常工作中曾经的忙碌或苟且,现在也开始变成了昇畅构建心中大厦的养分,她一刻不停地吮吸,如"股神"巴菲特所言,"跳着踢踏舞去上班"[1]。

　　究竟是什么使昇畅的悲催变为了愉悦,忙碌和苟且变成了充满激情的投入?

　　答案就在于,一个人,究竟是把自己当作物来看待,还是当作人来相处。

我们如何成了"物"：
无意义的工作与工具人的诞生

过去一个月，老李和团队都在全力开发 App 的新功能。二三十号人，联动七八个部门，每天十几个小时，总算要看到曙光了，此刻，他们正紧锣密鼓地进行上线前测试。

忽然，老李的微信声响起，对方叫他马上到 CEO 办公室开会。商务、运营、产品，各部门负责人吵个不停，什么"竞争对手推出新打法""合作伙伴招商不达预期""C 端用户 DAU⊖上不去"等，老李听得是七荤八素，在老李的上级——技术部门负责人简短发言后，CEO 皱了下眉，说："咱们的业务策略必须调整，先全力做 DAU，App 那个新功能暂缓，别上线了。"

散会后，沮丧的老李赶紧召集团队沟通。有的同学耷拉着头，很失望，也有同学骂"真过分，要调整为啥不早说"，还有同学自嘲，"没事儿，反正我们都是打工人，有时还是工具人"。

2020 年年末，"打工人，打工魂，打工都是人上人！"的梗火遍全网。上有老下有小，每天挤公交地铁上下班，为生活疲于奔波的画面，时常浮现在你我眼前。

打工嘛，很正常，有几人不打工？区别在于是主动打拼还是被动干活，当对自己的工作失去掌控到了极端情况时，一个人便成了"工具人"。在《青年文摘》盘点的 2020 年度

　　⊖　DAU 指 Daily Active User，即日活跃用户数量。

十大网络热词中[2,3]，"打工人"与"工具人"双双上榜，折射出我们这一代人的困境。

人类学家大卫·格雷伯（David Graeber）提出了这样一个概念："狗屁工作（Bullshit Jobs）是一份毫无意义且往往有害的定期领薪水的职业，其无意义或有害程度是如此之高，乃至从事这份职业的人都无法为其找出合适的存在理由。"[4]他将这种工作又细分为五类：衬托另一个人（比如上级）的重要性，让他看起来很重要或感到自己很重要的"随从型工作"；帮老板诱骗顾客、带人入坑的"打手型工作"；不断应对组织的某个故障或缺陷，跟在别人屁股后面收拾烂摊子的"拼接修补者型工作"；在各种表格里不停打钩，掩盖所在组织的实际不作为的"打钩者型工作"；工作内容就是给他人派活，甚至还制造毫无意义的工作给他人并监督其完成的"分派者型工作"[4]。

这些"毫无意义的工作"，就属于这个时代典型的工具人的工作，让人常常忙得昏天黑地，但又时不时感到自己毫不重要。比如：上级一声令下，就让你进入每天十几个小时的封闭开发；当你以为快要完成一个大工程时，一言不合，上级弹指间就让你的作品倾塌，如果你问为什么，"业务策略调整"是放之四海而皆准的解释。

记得小时候看查理·卓别林主演的《摩登时代》，忍不住感慨"那真是工具人啊"，十几个小时一动不动地拧螺丝，难怪亨利·福特会说："我雇的明明是两只手，怎么来了一个人。"[5]一百年过去了，满身机油味的工人在减少，身着西服衬衫的体面白领，或以格子衫彰显自由的 IT 互联网人在增多。工作条件得到了极大改善，很多人不再身处机器轰鸣的厂房，而是搬进了窗明几净的大楼，坐在一个个格子间里，手上的扳手螺丝变成了键盘鼠标，工作时间也不再被读秒卡控，似乎可以自由决定做点什么，甚至能在午后拿着咖啡和同事晒着太阳闲逛。

然而，有一点似乎没有变化。当年，流水线工人每天劳动十几个小时，完全不知道自己在制造什么，也不清楚东西最终卖给谁。如今，大楼里的员工，每天忙着写 PPT、敲代码，东西交了没回音，过了一段时间突然来指令让改，改差不多了又可能说不需要了。在整个过程中，员工不知道为何而做，为何而改。如果问起，得到的回复常是"你把工作做好就行，不需要知道那么多"，甚至是"我也不清楚情况，上面让干的，咱们抓紧干就完了"。

如此，很多人每天表演着忙个不停的"行为艺术"：

▶ 哪怕已经晚上八九点了，只要上级和同事不下班，自己就也得装着继续干。

▶ 对于同样的信息，不同老板的习惯不同，因此下面的人得用不同的模板和在不同的平台上分别提交几遍——Excel、PPT、内网系统，忙得"不亦乐乎"。

▶ 汇报时间半小时，提前撰写 PPT 和演练却不止 10 小时。

▶ 会议室乌泱泱坐了一堆人，结果一细看，财、法、税、内控、HR等，比真正做决策和做事的人还多，昏天黑地聊半天，结束时却连下一步行动计划和责任人都不清楚。

不确定的业务环境和频繁调整的组织架构，加剧了这一情形，使人们成长为"行为艺术大师"，当重要工作到来时，我曾不止一次私下听到人们的真实心声："先别动手，忙点周边，忍几天再说，说不定老板改主意，甚至换老板呢。"

当一个人心知肚明自己做的工作根本不重要或随时会被推翻时，无论"钱多事少离家近"还是"996卷不停"，都会严重磨损其尊严感，由此产生的一种假装工作实则摸鱼，用生命换工资的状态，令人感到无意义和倦怠。

工作者的这般窘境，是如何造成的

19世纪末、20世纪初的思想家马克斯·韦伯认为，这是工具理性淹没价值理性的后果。工具理性不关心目的，只关心达成目的的手段是不是最优的[6]。于是，"执行力"与"效率"常被老板们挂在嘴边，"结果"和"投入产出比"成为组织衡量一切的关键。同时，管理体制上采取的"非个人化"原则，帮助企业将此发挥到极致，个人被卡在流水线或格子间岗位上，人的复杂情况被简化为一系列指标——要评价一个员工，就只看他的业绩[6]——也就是KPI，或加上胜任力模型。

工具理性提升了生产力和社会财富，促进了用结果说话、任人唯贤的局面形成，但也造成了一系列问题，包括工具人的诞生与工作的无意义感。

这一状况，在数字化时代有了新变化，企业环境的不确定性加剧，追求精确、稳定似乎成了不可能完成的任务。老板们面临两种选择：一是打破科层制，建立扁平化互动渠道，并与员工沟通工作的意义，甚至与其"共创"目标、策略；二是让员工学会随时"拥抱变化"，这样做的理由就是"反正变化是市场带来的，我也不愿意，具体原因说不清，赶紧执行就是了"。与此同时，越来越多人正感到，"我们都困在一个说不清、道不明的系统里……可以说，每天只要一睁眼，就上线了。而电瓶车上的外卖员和写字楼里的程序员，本质上都处在同一个系统中——最大限度追求效率的系统"。[7]

在工具理性的体系中，工作者也来不及关心自己究竟为何工作，"多赚钱"才是王道，"等财富自由，我就去做自己喜欢的事""不太开心，但还是忍忍吧，看在工资的份儿上"，无奈的话语透露着个人的工具理性味道。

工具人现象，对应了马克思笔下的"异化"。原本，劳动是人的本质，是人的第一需要，然而在异化中人却沦为了手段。在《1844 年经济学哲学手稿》中，马克思这样写道："他在自己的劳动中不是肯定自己，而是否定自己，不是感到幸福，而是感到不幸，不是自由地发挥自己的体力和智力，而是使自己的肉体受折磨、精神遭摧残……只要肉体的强制或其他强制一停止，人们就会像逃避瘟疫那样逃避劳动。"他接着说："结果是，人（工人）只有在运用自己的动物机能——吃、喝、生殖，至多还有居住、修饰等等——的时候，才觉得自己在自由活动，而在运用人的机能时，觉得自己只不过是动物。"[8]

一百多年过去了，这些话依然令人共鸣，试问，有多少人把劳动看作自己的第一需要，在工作中体会到活力？为什么很多人在玩命干的工作日与躺平的假期间循环？内卷与躺平作为孪生词，成为不少人的生活写照，潜台词是"既然把握不住不确定的未来，何不要么卷，要么躺？"。哲学家李泽厚曾感叹，"人要返回真正的人……必须摆脱机器统治的异化，还要摆脱被动物欲望所异化"[9]，否则"这样人实际上成了一半是机器，一半是动物"[9]。

现今，越来越多人呼吁，"不做工具人，要成为真实的自己，成为一个人"。在社会层面，这当然涉及生产力发展、生产关系变革；而在组织层面，则应形成一种彼此视人为人的文化。但在本书中，我想强调的是，这更涉及个体的觉醒与选择。为了不做工具人，为了体味到真实活着的滋味，有必要常自问"我为何而工作，该如何选择？"，而这正是我们每个人必须亲自把握的关键。

如果你觉得现在又累又丧，请告诉自己，造成问题的或许不是你，但解决问题的只能是你。

02 要是不想再做工具人，
你必须完成这个转变

要想跳出工具人窘境，成为一个绽放的自己，一定要找到"内在动机"。

小时候，父亲常说："人吃饭是为了好好活着，但活着不只是为了吃饭。"网上流传着这样一个段子——"放羊娃的故事"，电视剧《血色浪漫》中也有类似桥段：男主角钟跃民上山下乡到陕北，在一天劳作后，坐在黄土旁乘凉，他与老乡和孩子聊起了天。

跃民问憨娃："你放羊为个啥呀？"

憨娃："攒钱。"

跃民："那攒钱为个啥呢？"

憨娃："长大娶媳妇。"

跃民："你小子才多大啊，就惦记娶媳妇了，我还没有娶呢。那你娶媳妇为了啥？"

憨娃："生娃。"

跃民："生完娃呢？"

憨娃："再攒钱，给娃娶媳妇。"

跃民："给娃娶媳妇，再攒钱，再生娃，是不是？"

憨娃点点头。

跃民抬头和憨娃的爷爷聊："杜爷爷，咱农民这辈子图个啥呀？"

老杜说:"哎,咱受苦人有地种,有饱饭吃,有娃娃能继香火,就行了,咱还要啥呢。"

跃民:"那您眼下最盼着啥呀?我的意思是说,如果您能选择的话,您最想得到什么?"

老杜:"我就想吃白面馍馍。"

老乡很朴实,最大的愿望就是能吃饱饭,似乎陷入"攒钱—娶媳妇—生娃—攒钱"怪圈的原因,就在于温饱问题无法解决。

可喜的是,截至 2020 年年末,我国现行标准下农村贫困人口已全部脱贫[10]。大部分人的生活,相比几十年前都有了极大改善,大家吃穿不愁、生活体面。

然而,我们真的走出憨娃的循环了吗?憨娃在电视剧中的农村放羊,而我们在现实的都市中放羊,"上学—上班—结婚—生娃—送娃上学"的循环依然在继续。

如同跃民问杜爷爷,我也曾问过很多人"如果你能选择的话,最想得到什么?",答案出乎意料地一致,"有车有房,或是财富自由",再问他们"财富自由之后,最想干什么、创造什么呢?",其反应也异乎寻常地相似,"嗨,想这干啥,到时再说吧……"。

我们为何而工作

过去 10 年,大学毕业生的就业偏好一直在变,但有一点始终不变——求职看中的因素位列第一的始终是"薪酬"[11,12,13],

这一情况 5 年前、10 年前如此[14,15]，今天似乎更如此。李秀玫等追踪 5 年的真实调查[16]发现，相比于 95 后大学生，更多 00 后大学生将"收入"这一因素作为评价工作好坏的首要标准。

"薪酬"同样为成熟人才所看重。某招聘网站连续 4 年发布的有关白领跳槽的调研报告[17,18,19,20]显示，白领们决定去留的首要因素就是"薪酬"。

那么，钱该如何赚呢

超负荷工作下，90 后群体开始流行"朋克养生"：用最贵的眼霜，熬最长的夜；啤酒里加枸杞，可乐里泡党参……正如著名商业咨询顾问刘润所说，其精髓在于"一边作死，一边养生；一边熬夜，一边祈祷自己不要作死"[21]。

有人反思，之所以成为工具人，是因为打工人以出卖自己的时间为生，并不占有产权，一旦手停，往往口停。眼一睁，房贷、车贷要还，还有家里几张嘴等着吃饭。于是，就算看老板不顺眼，也得赔笑迎合；就算不喜欢手头工作，也只好忍着继续。为了不做工具人，聪明人开始琢磨"睡后收入"，即想办法拥有自己的产权，这样便有了不干活，睡着之后也有收入的自由。

聊到这儿，似乎出路就在眼前，可究竟做什么才能形成"睡后收入"呢？更多人依旧迷茫、跟风，逼自己干看似赚钱，却既不擅长也不喜欢的事；或者蛮干，然后发现当了老

板之后过的是起得比鸡早、干得比牛多的生活，不是都说当
老板有钱赚又能很自在吗？

问题到底出在哪儿，如何破局

要是不想再做工具人，你必须完成一个转变：

从被外部奖惩所左右，从追逐胡萝卜、逃避大棒，到活
出自己的"内在动机"。

什么是内在动机？就是个体因某一活动本身有趣或令人
愉快而做出某一行为。如：你可能喜欢写作、弹奏或爬山，
你做这些事情不是因为希望从中得到什么（如金钱），而是因
为你喜欢。当我们体验内在动机时，行为本身就是目的[22]。

这个道理很容易理解，当一个人感到自身是行为的"本
源"时，他会体会到自己的本真、力量，而不是感到自己是
被外部力量操纵的"棋子"。但在很多人看来，为生活奔波已
属不易，谈到要发现自己的优势和热情，探索长期的意义和
价值，会认为这是财富自由之后才有心思干的事，这样的思
维方式使之陷入"奔波—穷忙—再奔波"的循环。甚至有些
朋友，生活早已宽裕，心中却仍焦虑不止，犹如小白鼠按杠
杆[⊖]般，每天停不下来。

事实上，无论是否财富自由，从现在就开始，去做那件
使你感到很兴奋、很有价值的事情，这正是突破职业困境、

⊖ 详见斯金纳的迷箱实验。

走出身心倦怠的关键。正如史上最成功的投资家巴菲特所说的："你财富自由之后想做什么工作，现在就该做什么工作。做这样的工作，你能学到东西，你会充满激情，每天会从床上跳起来，一天不工作都不行。"[23]

让我们来看一个心理学史上的著名实验[24]。

1969 年，心理学家爱德华·德西（Edward L. Deci）开启了"内在动机"领域的标志性研究"索玛拼图实验"。预实验表明，人们喜欢玩这个拼图，且只是因为好玩。在正式实验中，每成功拼出一个图案，一个小组的参与者就会得到奖励（直接给"钱"），另一个组则没有。实验结束，实验者说需要离开几分钟，大家可以自由活动，比如继续玩拼图、看杂志或休息。

实验最重要的部分，就是在自由活动时间里，人们究竟在做什么。结果显示，那些曾经获得过金钱奖励的人，在自由活动时间里继续玩拼图的可能性小得多，而从未获得奖励的参与者则更愿意继续解决拼图问题。

由此，德西得出结论，那些拿到奖励的人不再有主动解决问题的动力——外部奖励非但没有起到激励作用，反而损害了内在动机，它把玩变成了工作，把玩家变成了棋子。不只奖励，研究者还发现，最后期限、强加的目标、外在监督和评价都可能破坏内在动机。放到现实来看，当人们为了获得某个东西或满足某项要求去做一件事时，自身却不再想干这事了。不想干，却又为了获得外部奖励或避免外部惩罚而不得不干，如此，陷入职业困境乃至身心倦怠，就很容易解释了。

德西和合作者理查德·瑞安（Richard M. Ryan）的研究发现，每个人都有三种最基本的心理需求：自主、胜任和联结[25]。只有满足这些需求，特别是自主需求，才能持续激发内在动机，让人们全身心投入某件事情，并拥有美好体验，当然也更容易取得高绩效[24,26,27]。同时，研究发现，自主、胜任和联结三种需求的满足度均衡是整体幸福感的重要决定因素[22]。

在此基础上，德西和瑞安提出了人类动机研究史上集大成的"自我决定理论"（Self-Determination Theory，简称SDT），从动机的角度诠释了"视己为人"的关键内涵。

内在动机与外在动机似乎是两个独立类别，然而事实上，根据自我决定的程度不同，可把动机看作一个从无动机、外在动机到内在动机的连续体[28]，如图 1-1 所示。

对于"动机"，最左边的"无动机"很好理解，它就类似彻底躺平、完全佛系；最右边的"内在动机"也好理解，事情即回报，人依靠内在满足而活。较难理解的是"外在动机"，人们常不觉得自己为外在动机而活，事实却是常因此陷入内卷。四类外在动机具体为：

▶ 外部调节：个人受外部奖惩影响大，比如"给多少钱干多少活"。

▶ 内摄调节：个人吸取了很多外在规则，却尚未完全接纳，如同直接将规则一口吞下，因此常感冲突，比如究竟为钱而干还是为兴趣而干。

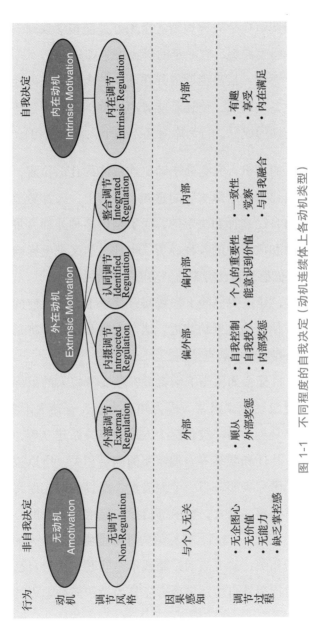

图 1-1　不同程度的自我决定（动机连续体上各动机类型）对应的调节风格、因果感知和调节过程 [28]

▶ 认同调节：个人因规则能带来好处而接纳规则，相对较少感到冲突，有一定的自我决定成分。

▶ 整合调节：最高程度的外在动机的内化，与内在动机有很多共同点，但还不能算内在动机，因为它还具有工具性的成分，行为本身还不是个人终极的目标。

一个人的动机，究竟处于动机连续体的什么位置，关键在于他对自己行为"源头"的感知。事实上，人都希望自己的行为是由自己选择和决定的，而不是由某种外部力量强加的，但生活和成长中的各种经历、事件，却又难免影响到我们，让人可能感到自己行为的"动因"似乎在外。

看到这，建议我们静下来观察并反思下，在目前的工作中，自己被什么动机推动前进。这个观察和反思，将是开启接下来一系列变化的起点。

那么，目标会如何影响动机呢？瑞安等将人的目标分为两类：一类包括积累财富、成为知名人士、有迷人形象等，被称为外部目标；另一类包括个人成长、关系建立等，因直接与自主、胜任和联结等心理需要的满足相关，所以被称为内部目标。研究表明，当一个人追求外部目标时，通常体验到较低的幸福感。反之，对内部目标的追求与更高的心理健康水平相关[24,29]。当然，目标的内外部性质，与个人的认知和感受密切相关，研究表明，赚钱不是问题，认为自己的工作、自己的行为是自主决定的，还是为换钱而被迫做的，才是问题[24]。

为钱也好，为其他也罢，在追逐目标的过程中，每个人都会有遗憾，但拉长目光看，当一生终结时，你最大的遗憾会是什么呢？

日本一位从事临终关怀的医生，在目睹或听闻上千例患者的临终遗憾后，写下了"人生至悔"，排名第一的是"没做自己想做的事"[30]。无独有偶，澳大利亚的一名护士，在安宁病房工作了 8 年，许多重症病人与她分享过人生憾事，她从中看到了人们弥留之际最为追悔的是"希望我有勇气过自己真正想要的生活"[31]。

绝大部分临终者很后悔在自己的一生中没有做什么，很少有人后悔自己做过什么。让我们也想一想：有什么是自己内心深处一直渴望做却还没做的？赶紧行动起来，因为不做就真的来不及了。

03 只要你想活得有意义，就没有什么能够阻挡

忘掉外在奖惩，活出内在动机，或许你对此已有认同，却仍存困惑：为了生活，得上班啊。部门有分工，岗位有职责，作为员工，我要如何去做使自己兴奋和感到有价值的事情呢？

类似的困惑，也曾出现在昇畅心头，但随着对组织目标

的更深理解和对自己越来越深的接纳和认识，自我设限开始破除，困惑渐渐消散，她逐渐体会到自主工作的快感和掌控人生的踏实。

昇畅还记得，初到 B 公司时，自己怯生生的，什么该做什么不该做，都要先问问主管，有时甚至会打开内网查看岗位说明和任务清单。在她心目中，在这么大的公司中，每个人都有自己的职责，必须要做到认真尽责、不掉链子。事实上，公司也是这么规定的。

一段时间后，昇畅开始感到有点不对劲。似乎有些工作做得很好，也没什么了不起，比如写 PPT 时，她反复对齐格式、统一字体，但好像少有人注意到；而有些工作即使出现"漏洞"甚至没来得及做也关系不大，例如忙起来了，有些原本要参加的会，就因为分身乏术不去了。

逐渐地，昇畅试着有些活儿干脆不干，而把时间投入到更喜欢的事上。这种做法有时常出乎意料，取得很好的效果。记得 2014 年底，人工智能刚兴起，她对此很感兴趣，就把每晚原本写长日报的时间省了下来，简要汇报后便投入到研究人工智能的来龙去脉和行业机会上。30 多个夜晚、100 多页报告，昇畅忙得不亦乐乎。一天，公司突然找到她所在的战略部，说老板很重视这块儿，想听听分析。昇畅第一时间把报告贡献给了团队，团队主管一下举重若轻。

时间一长，昇畅发现，看起来好像部门有分工、岗位有职责，但每个人每天具体该干什么，其实主管也说不清，事实上，公司不可能对此进行明确规定。不是说了环境不确定，要拥抱变化吗，那怎么可能有框死的安排？

同时，昇畅意识到，对公司来说，你做什么不重要，关键是得创造价值。什么叫创造价值？可以是取得新技术突破，可以是研究出新业务打法，可以是开发了好的产品功能，也可以是做一些小事，或解决一两个具体问题，最终的判断标准，是客户是否买单，以及是否有助于公司目标。于是，她开始把精力花在走进客户和理解公司目标上，业绩越来越优秀，年年最佳，直到被 B 公司突然集体裁员。

虽说被裁令昇畅低落了一阵子，但冷静下来，她清楚集体裁员是公司问题，不是自己工作思路和成效的问题。后来到了 K 公司，她一边延续对公司目标的重视，一边跳出岗位职能，到业务中直接创造价值。但有时她还是有种无力感，譬如业务是立还是撤，自己决定不了，只能随之飘荡。

直到生命中那次机缘巧合，令昇畅重新发现内心的热情，拾起搁置 10 年的瑜伽爱好。这让她有了"精神的自留地"，同时当她又一次投身新业务时，反倒清晰地看见了手头工作更深层的意义。她知道，自己很可能会成为一名创业者，而此时不正是在创业吗？从 0 到 1，拓商机、跑上下游，哪一项不是未来创业要干的？即便哪天业务再次被撤掉，这些经验也在身上撤不掉。

今天，数字革命风起云涌，制造业转型升级，服务业空前繁荣，伴随的是极大不确定性，因此组织里、工作中的缝隙和空间也无处不在，加之已登上社会舞台的 90 后、00 后新一代对自由与价值的看重，都使得公司在管理上有意识地更加宽松、弹性。

在此背景下，工作者有了 DIY 自己工作的可能性。学界对此已有研究，心理学家埃米·瑞斯尼斯基（Amy Wrzesniewski）和简·E.达顿（Jane E.Dutton）将之称为"工作重塑"[32]：员工不再仅仅被动地接受工作安排，而是可以根据自己的兴趣、动机及热情，主动对工作进行积极调整。研究表明，通过工作重塑，个人的可持续工作能力有所提高[33]，工作满意度、工作意义感、积极情绪明显增强[34,35]。顺便说下，如果能合理安排，工作重塑也能给组织带来诸多积极的结果，譬如更高的员工敬业度、绩效结果等[34,36,37]。

那么，如何 DIY 自己的工作呢

瑞斯尼斯基等认为[32]，有三个方面值得花心思改变：

首先是任务重塑，指改变工作的任务边界，包括工作任务的类型、数量等。比如昇畅不再费时间在对齐 PPT 格式、长篇大论的日报上，而是投入于自己喜欢的行业研究，恰巧这也是对公司来说很有价值的工作。

其次是关系重塑，指积极重构工作中的人际关系，包括改变人际互动的对象及相处方式。或许你不能决定不和谁打交道，但肯定能主动连接想认识的人，比如为了写人工智能行业研究报告，昇畅每天找 AI、大数据等部门的同事聊天，还主动联系风险投资机构的朋友请教。另外，即便是对于不得不互动的同事，也可调整与他的相处方式，如以非正式交流来拉近距离。

最后也是最重要的是认知重塑，指改变对工作的看法，从中感受到新的意义。对工作不同的理解会给人带来实实在在的影响，就像昇畅，面对的同样是在大公司内创业的工作，此前她感到很无力，现在却觉得正从事着通向未来梦想的工作。

记得我刚加入阿里巴巴时在影业板块工作，那时我既不懂互联网，对电影产业也完全"抓瞎"。作为组织发展负责人，每天要参与很多会议，却很难有贡献，人员不熟悉，业务不了解，听战略时也一知半解，杵在一堆业务人员中，时间长了，连我都烦自己。

在一次偶然的机会下，我组织 HR 团队同学团建，通过走心的设计和引导，同学们进一步走进了彼此的内心。这次偶然，创造了后面的诸多缘分。半个月后，远在杭州办公区的 HR 李沫电话求助我，说业务团队的主管是新调来的，希望能有办法与同学们迅速打开心扉。尽管我把思路和做法倾囊分享，但光靠说说，似乎很难帮到她。

我想，如能亲自到杭州助阵就好了，却也担心北京这边的工作掉链子。仔细想想，影业总部在北京，好像是自己的阵地，但自己现在分明起不到作用，每天陷在各种流程工作和文书中，看似很忙，实则无用。杭州那边，虽远离总部，却是线上重要业务的驻扎地，自己何不自下而上开展工作，还能了解真实的一线情况。想到这些，我第一时间和主管深入沟通，她频频点头。

此后四个月，除每两周回北京开会并完成些必要工作外，我一头扎到杭州。从给三级团队做裸心会，到和李沫一起在二级团队中落地 OKR，由于这个团队在业务中处于中枢地带，联动着上下游，我们又以此为切入点进行了大团队的业务和组织诊断，并最终促成了新一轮的架构调整和每个大档期后的"管理层与一线面对面战略沟通会"。

整个过程中，我和李沫建立了深厚的"战友"情谊，也取得了主管的信任。当再次回到北京总部会议室时，我比之前多了几分底气：论懂战略我比不了总部管理者，论理解一线我不如"战场"中的 HR，但若谈到将二者联系起来，洞察其中的问题并给出解决思路，我便有了发言权。

千万不要被头脑中的条条框框框死，事实上，我们的工作具有远超想象的空间和灵活性，我们完全可以积极地对其重塑。重塑工作要把握两个关键：

- ▶ 出发点。发现自己的优势、热情和想追求的意义，活出内在动机，做令你兴奋的事情。
- ▶ 落脚点。一定要落在价值创造上，为此，要走进内外部客户，要深入理解组织的目标。

其实看看今天一些组织的真实情况（例如互联网平台型企

业），它们并不是规定得太死，而是不确定和模糊到没人能搞清每一个岗位究竟是干什么的。组织变化之快，内部环境之复杂，简直超乎想象，相当多的工作者并非受困于死板的任务安排，而是痛苦于混乱不堪的复杂、陌生的局面，常常犹如踏入"无人区"。

无论面对哪种情况，我们都应告诉自己"心中存意义，手上创价值，我完全可以重新定义自己的工作"。商务岗、运营岗是做什么的，产品岗、技术岗要产出什么，BI（商业智能，Business Intelligence）分析师、HR 又有什么职责，在商业变化如此迅速，大小公司林林总总的今天，几乎没有统一的标准，也没有人说得清楚。在很大程度上，只要能创造价值，你说这些岗位是干什么的，它就是干什么的。

至此，可能还是有人会问：我已经想了很多办法，做了太多努力，所在公司就是没有机会让我去做既令自己感到有意义又为他人创造价值的事，该怎么办呢？

既然岗位不是限制，组织边界当然也可以打破，这意味着，个人的职业发展也将走向无边界。1994 年，学者罗伯特·迪菲利皮（Robert J. DeFillippi）和迈克尔·亚瑟（Michael B. Arthur）首次提出"无边界职业生涯"[38]，用来指一种超越单一雇用范围的一系列就业机会的职业路径。它强调以个人就业能力的提升替代长期雇用保证，使员工能跨越不同的组织实现持续发展。

在传统职业生涯道路中，人们成功的标准是薪酬增长、职位晋升，以及职业声望、社会评价等，这些多属于结果性质、外在奖惩范畴。无边界职业生涯的成功标准则发生了方向性的变化：从看重结果到看重过程，如职业生涯经历、个人能力成长、人际社会网络等；从看重外在奖惩到看重个人内在体验，如工作是否发挥了自己的优势，与兴趣是否一致，是否指向长期目标或生命意义，工作与家庭是否平衡等。

说白了，在无边界职业生涯中，个人不再必然依附于某一组织生存，而是以自身的内在动机作为职业生涯的方向盘，走着灵动的、自主决策的职业成长道路。在这条路上，个人一方面可以感恩当下，从中汲取善缘和成长，另一方面可以打开所有的想象空间，去提升自己的能力，建立一切可能的人际连接，争取任何必要的职业经历，除了内心的意义和实际创造的价值，一切条条框框都是"纸老虎"，一切胡萝卜和大棒都是浮云。

这些意味着个人的职业角色不再固定不变，职业道路也不再一眼看到头。为了更好地发现自身的可能性，个人应当时常畅想、梳理那些在未来工作中渴望实现的希望和抱负，多问自己："我想过什么生活，想拥有怎样的职业/事业，想创造怎样的作品，达成怎样的目标"，在头脑中形成清晰的图像，并通过细节来丰富这个图像。学者卡洛琳·施特劳斯（Karoline Strauss）等认为，这种图像表征得越清晰，其未来就越容易获得[39]。

只要你想活得有意义，就没有什么能够阻挡你。职业生涯的无边界，从根本上说，源于个人内心的无边界。

人不要轻易地给自己贴标签，程序员、商务、销售，或者大厂员工、外卖小哥，这些都只是你在一段时间里的身份，并不代表你这个人。自我的成长与变化，拥有远超想象的可能性。即便今天你已经很成功了，也可以对那个可能的自我保持全然的开放。物是死的，人是活的，这正是"视己为人"的关键，正如人本主义心理学大师马斯洛所主张的：一个人的自我实现不只是一种存在，同时是一种形成的过程[40]。

04　真正地视己为人，要启动宝贵的"第三种力量"

谈起破除内心的边界，不得不提到历史上一段震撼人心、影响深远的真实故事[41,42]。

回到 500 多年前的明朝，公元 1508 年春，阳明先生经过艰难跋涉，来到距离京师千里之外的贵州龙场。在这个偏远困苦的山区小驿，他将悟到心学真谛。

在这发生一年多前，王阳明 35 岁，身为兵部主事的他因上疏直谏，触怒了太监刘瑾，拖着承受 40 廷杖后的伤痛身体被投入诏狱，在昏迷痛楚中度过了春节。出狱后，他被贬到了贵州龙场。

万山丛中，杳无人迹，那时的龙场，还是一个只有土著山民的小村寨，是一片未经开化之地，野兽出没，瘴气遍布。

王阳明刚到时，连住所也没有，只好搭了个草棚居住，却难以遮风挡雨。不久，他发现了一处山洞，便将住所搬到了洞中。

某日，王阳明获悉父亲被刘瑾罢免，生杀予夺仍在后者股掌之间。死亡阴影在王阳明心中闪过，他惊觉，命运已跌到谷底的自己，虽能超然面对荣辱得失和艰难困苦，却还未能看开生死。于是，带着"圣人处此，更有何道"的追问，他日夜端坐、凝神静心，参悟生死要义。

终于，一天夜里，王阳明恍然顿悟，如云开雾散，豁然见到阳光。通过日夜端居澄默，他不仅超脱生死，而且过去一直未参透的"格物致知"的真意终于浮现心间。王阳明觉悟到"始知圣人之道，吾性自足，向之求理于事物者误也"[⊖]，后世称此为"龙场悟道"。

人，究竟是向外格物，还是求之内心？是被外部挑战所困，还是关注内心的主体性？"吾性自足，不假外求"，阳明先生用自己的悟道，给出了他的回答。

这一悟道，成了王阳明波澜壮阔一生的新起点，继而发展出知行合一、致良知等思想和作为。他治理地方，亲民爱民，促政通人和；更让人震惊的是，他虽是一介书生，却用兵如神——除盗剿匪，令社会安定；平定宁王叛乱，救社稷于水火。当然，对后世影响深远的，是其开风气之先的阳明

⊖ 这句话的意思是：圣人之道原来蕴藏在每一个人的心中，自己一直以来向心外求理的方法，本身就是一个错误。

心学，借由讲习传道，影响中国乃至整个东亚。于后世来看，可谓"立德，立功，立言"真三不朽。

阳明先生一再告诫弟子，每一个人都有成为圣人的禀赋，心即理，知行合一，致良知。穿越 500 年光阴，其思其行在当时尚能济世安民，更枉论你我在一切都迅速发展的今天突破职业困境，走向美好生活——静下来，心会告诉你答案，行动中，你的良知足以给自己创造意义，给他人创造价值。

至此，或许有人会误以为我在鼓吹"人定胜天"，让大家忽略现实。恰恰相反，在我看来，阳明先生心之力的发挥，是以真实面对现实为前提，以真诚接纳自我为基础的。

他清楚自己被太监刘瑾所害，他能真切感受到廷杖后身体的伤痛，他知道龙场偏远冷僻，甚至蛮荒困苦。当觉察到内心尚未看开生死时，他也没有麻痹自我。他主动面对和接纳这一切，然后才是修习、领悟和改变。

想到我们自身，难免也会遭遇挑战、挫折，甚至人生的幽暗，在情绪上或许会陷入焦虑、愤怒，乃至持续的低落。这时，也请准许我们自己作为一个有血有肉的人存在——"视己为人"意味着，我们愿意面对可能惨淡的现实，柔软地拥抱不完美或受伤的自己。即便一时间难以接纳现实、难以接纳自我，试着去接纳自己"难以接纳的现状"，也恰是我们可以给予自己的温柔。

当然，接纳现实、真诚待己，并不意味着躺平。

当谈及自己的艰难处境时，人们常见的自动化反应是将其归因于环境，一些人会在消极心理学或某些书、影视剧的感染下，将遭遇的不顺、心结归因于童年的创伤经历，甚至还有人会归因于遗传天性。

实事求是地讲，环境和经历在很大程度上影响着人，遗传天性也有不可忽视的力量。然而，我们也应清晰地意识到，自己已然成年，并走在觉醒路上，这意味着我们不再将自己看作环境的木偶、遗传的奴隶，意味着我们可以告诉自己：比环境与遗传更能决定人的行为和命运的，是如何看待自己的出身和天性、经历和环境，是一个人内在的信念及归因体系，以及由此形成的对未来的期望——我将此称作宝贵的"第三种力量"。

"第三种力量"的存在，不只体现在道理层面，它首先便可被身体、情感体会到，而冥想、静修等，恰是触摸身心的关键方式，如同阳明先生所经历的那样。

在我个人的成长历程中，也曾多次体会到"第三种力量"的存在。

1993 年，我刚满十岁，父母每天吵得不可开交，最终感情破裂，我成了单亲家庭的孩子。在那个年代，单亲还算是社会中少见的事。在日常或电视中常听人说"谁家小孩儿，父母分开了，真可怜"，或是"别跟他玩，单亲家庭的孩子没出息，不学坏就不错了"。类似的话，也有人和我说过。

我的确因此自怨自艾了半年多，每天愁眉苦脸，感到自己似乎是世上最可怜的人，整日没精打采，心里空落落的。为了排解心中的烦乱和苦闷，我常常夜里一个人在街上溜达，从南走到北，从西逛到东。一开始，就是不断地看着街灯和路人，在分散注意力中让自己稍微好受些。然后发现光是走走，不足以排解情绪，于是我就开始小跑，跑累了就和自己说话，试着安慰自己、开解自己，渐渐地向自己敞开心扉。

记得一天夜里，从小吃街走过，先是看到一家人吵架，小孩在一旁哭，往前几步又看到另一家人欢喜地坐在大排档吃着夜宵。我差点哭了出来，一下感受到了吵架那家人的痛苦，也向往着吃夜宵的那家人的幸福。心中同时升起了好几个声音："我好像有特异功能，能瞬间体察他人""我理解了，爸妈也身不由己""我要站起来，好好努力，还要创造幸福的家庭"……

这天之后，我仍然会时不时一个人逛街，和自己对话，但开始花更多的时间学习、阅读。五年级时，我写下了《在困难中前进》的作文。家庭状况对我而言真的就只是个困难了，而我决心向前。

后来的我经历了更多故事，在亲戚家辗转落脚，也一个人在老屋住过很久，但是都没有太多的自怜和顾虑。我曾到同学家的小洋楼和他一起上晚自习，而作为回馈，次日我就带他来到我家老屋，不巧当夜大雨，屋内"淅淅沥沥"，我大大方方，同学也自自然然地给我举着伞，助我去把房屋的瓦片和油毛毡盖好。

这样的时光走过了快 8 年，在报考大学时，我毫不犹豫填了"心理学"专业，连同幼时对生命意义的追问，我坚定地认为此生就是为了创造幸福而来的。我依然记得父母分开不只是因为所谓的感情破裂，更是因为彼此作为成人在自我觉知的道路上的困惑，伴随事业生活上的艰辛。于是，硕士毕业后，我选择到企业磨炼，让自己经历复杂的商业环境，并在此后十余年，始终从事人才与组织发展工作，业余时间还到高校兼职讲授职业生涯发展课。

面向未来，"第三种力量"仍然在指引我前行，去成为自己期望中的模样，去创造自己相信的人生：修习自己，进而建设幸福的家庭，同时去支持更多的人发现自我、实现自我，彼此相拥相爱。

"第三种力量"，在阳明心学中是"吾性自足"，在佛学那儿是"物随心转"，信念与期望的力量不仅在指向自己时有效，在指向他人时同样会产生影响。现代心理学称之为"自我实现的预言"，并有这样一个研究总被提起。

1968 年，美国心理学家罗森塔尔（R. Rosenthal）等出版了著作《课堂中的皮格马利翁》[43]。他们在某校做了一个实验，先对小学 1～6 年级的学生进行"预测未来发展的测验"，该测验实为智力测验。然后，在每个班级内随机抽取约 20% 的学生，对老师说"这些学生很有潜力，将会进步巨大"，同时叮嘱老师"务必保密，不能向学生或家长透露，以免影响实验的正确性"。老师不知道的是，这些具有高潜力的学生，居然只是罗森塔尔随便挑选出来的。8 个月后他回到学校，发现这些学生的成绩有了明显进步，更神奇的是，他在新的一次智力测验后发现，这些被随机标注为具有高潜力的学生，比其他学生在智商上有了明显的提高，且在长期研究中保持增长。

这令人不解，原本被认为较稳定、不会有什么变化的智商，却因老师对学生的信念及期望，发生了改变。罗森塔尔称之为皮格马利翁效应。相传，皮格马利翁是希腊神话中一位善于雕刻的国王，他精心雕刻了一位少女，并深深爱上了她。他给少女取名，给她穿上美丽的长袍，拥抱她。但少女始终是雕塑，激情和悲伤淹没了这位国王。阿佛罗狄忒女神被其真诚感动，决定帮他把雕像变活。一天，国王如平常一样凝望着雕像，渐渐地，少女脸颊红润起来，唇齿缓开，露出微笑，充满爱意看着他，他惊呆了，喜极而泣。皮格马利翁效应说的就是：信念、期望和爱能产生奇迹。

信念即自我实现的预言，是我们创造了自己的现实。

那么，"自我实现的预言"是如何产生作用的，信念究竟如何导向现实呢？自从大二那年在北师大英东楼图书室第一次读到这个概念并被其震撼，我就在思考此问题。后来的十几年间，我在自己和很多人身上，见证着信念与行为之间、自我与他人之间一再重复的奇迹。其背后道理看似奇妙，实则自然（见图 1-2）：

▶ 影响路径一："我的信念"与"他人的信念"，二者相
  互影响。

▶ 影响路径二："信念"影响"行为"，"行为"反向加
  强"信念"。

▶ 影响路径三："我的行为"影响"他人的行为（及环
  境）"，后者反向加强"我的信念"。

▶ 影响路径四："我的行为"影响"他人的信念"，后者
  影响"他人的行为（及环境）"，然后反向加强"我的
  信念"。

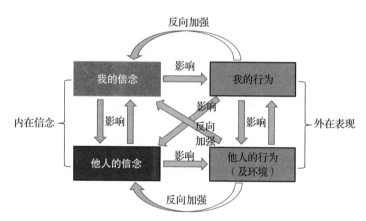

图 1-2 "自我实现的预言"如何成真

在该系统中，任意二者之间均相互影响、相互作用。事
实上，究竟是"心随物转"还是"物随心转"，究竟是"因为
看见，所以相信"，还是"因为相信，所以看见"，都有可能。
如果一个人常处于懵懂、惯性状态，那么很有可能被外界洗

脑，或沦为环境的牺牲品。如果一个人充满正念觉察，意识到自己的信念，并有效反思、充分发挥其力量，那么就有可能产生"现实扭曲力场"，创造出心中的现实。在这里，"我的信念"成了一个人最有可能把握的部分，这意味着主动选择去相信什么变得非常重要。现在请花一点时间，问问自己"我相信什么？"。

然后，主动去选择这份相信，主动将"第三种力量"握在手中。学会欣赏自己和他人，发现亮点、优势，进而通过坚定的相信，让其成为现实。

信念创造现实，具有持续加强的特点。

我的亲弟弟是一名天才销售员，从小就跟着家里人在街头做生意，他的心里有一份相信——"我特别擅长与人打交道，特别能卖货"。

19 岁那年，他来到北京闯荡。最开始在一个街边服装店做导购，工作非常辛苦，每天站着卖货十几小时，中途跑出去垫垫肚子，一个煎饼、一瓶矿泉水，坐在天桥边，狼吞虎咽，而他却成天乐呵呵，有使不完的劲儿。三个月后，他成了店铺销售冠军（以下简称销冠），半年后成了区域销冠。这时，他被一家品牌店看中挖走，我问他压力大不大，他只说了一句，"给我三个月"。果然，不到一个季度，他就成了店铺销冠，于是被区域总监注意到，并在八个月后被提拔为全区最年轻的店长，那年他不满 21 岁。

后来，他回到老家，加入了一家啤酒经销商。依据神奇的"三个月定律",弟弟不出所料成了销冠。七年后的今天,他所在的经销商已发展为多品类公司,而他早已是公司副总。

回看弟弟走过的路,信念的力量在他身上造就了正循环,使其成了"自我实现的预言"。

信念的力量甚至能令人"返老还童"。

1979年,美国心理学家埃伦·兰格(Ellen J. Langer)做了一个神奇的实验[44]。她找来一些80岁左右的老人,让他们到僻静乡间居住一周,在一座被改装为1959年样子的房子里,过一段主题为"追忆"的生活。这里的杂志、报纸、三餐安排,还有人们听的音乐、安排的电影和社会话题,都仿照1959年时的样子。研究者还请老人提交一张1959年前后的照片,并以当时的状态写一份简短自传。最重要的是,兰格一直强调研究的"现在时"性质,告诉大家最好不要仅仅用一种追忆的心态过这一周,而是让自己的心完全回到过去——"我们不是让你们像活在1959年一样生活,而是请做回1959年的自己。请相信,如果这样,你们就能找回1959年时的感觉"。

一周后,研究者对老人的多项指标进行检测,发现他们的体重平均增加了近3斤,握力显著增强,关节柔韧性、手指灵巧度等明显改善,老人反馈自己的听力和记忆力有提高,甚至63%的人智力分数显著提高。研究者还让一些不了解研究目的的人对老人一周前后的照片进行对比,这些不知情的人反馈,老人在研究结束时看上去年轻了很多。

兰格感叹："心理确实能在很大程度上影响身体，限制我们的常常不是身体本身，而是我们对身体极限的看法。"

"自我实现的预言"一再被验证。然而，信念、积极的心理状态、对自身和环境的正向诠释等，与自欺欺人的幻想究竟有何不同呢？我们不是说过，要面对现实吗？

我曾就这个问题直接请教过哈佛幸福课的主讲人泰勒·本–沙哈尔（Tal Ben-Shahar）老师，老师说："对于人的幸福与健康来说，'现实感'至关重要，但我们要意识到现在的现实是现实，未来可能发生的现实也是现实。""自我实现的预言"意味着某种潜力，当这种潜力被看见和相信，进而驱动行动时，它就有可能成为未来的现实。而幻想总归只是幻想。

潜力是动态演变的，每个人对潜力的看法也不同，这提醒我们要持续发现自己和环境中的可能性，并聚焦于行动，让其成为现实。

那么，如何发现自己和环境中的可能性呢？这有外在的轨迹可循，例如，科学的理论指导、对时代局势的理解、禀赋与资源成熟度等，但这些因素若要爆发持久的力量，必须源于内在的智慧和心力，尤为重要的是坚定的信仰和信念。

每当谈及信仰和信念，我就会想到世界历史上最波澜壮阔的奋斗史——中国共产党的成长历程和中华民族的复兴之路。"从上海石库门到嘉兴南湖，一艘小小红船承载着人民的重托、民族的希望，越过急流险滩，穿过惊涛骇浪，成为领航中国行稳致远的巍巍巨轮。"[45]

从小小红船到巍巍巨轮，这是信仰和信念的力量，我们的党如此，国家和民族如此。那么回望我们自身：我对环境、时代，对工作、生活乃至自己的人生，持有什么信念？在一番番春秋冬夏、一场场酸甜苦辣中，我相信什么、期待什么，正在为何而奋斗，因何而活着？

视己为人，意味着主动选择自己的相信，并为之奋斗。让我们鼓励自己：去充分看见并发挥宝贵的"第三种力量"吧！

05 行动指南：
"内核观念"的每日功课

当一个人开始觉察自己的身心状态，并反思驱动每天工作和生活的是外在原因（例如外部环境和奖惩）还是内部动机时，"视己为物"的可能现状便已发生松动。

当一个人开始检视，自己在多大程度上在内在动机的驱动下而活，做令自己兴奋的事情，并为他人创造价值时，便已走在"视己为人"的道路上。

当一个人开始追问如何看待自己的出身和天性、经历和环境，并觉察、启动超越这二者的"第三种力量"，在信念中创造自我实现的预言时，已然"视己为人"，光明绽放。

这些"视己为人"的内核观念，值得我们每日省思，图 1-3 从行动指南的角度，给出了供参考的每日功课。

对应小节

	底层问题		每日省思与行动

01 我们如何成了"物"：无意义的工作与工具人的诞生

觉察：我的身心状态如何，是否感到身不由己或沦为工具人

→ 今天，我要如何调整自己的身心，暂停一下，感受下自己和环境

02 要是不想再做工具人，你必须完成这个转变

反思：驱动我每天工作和生活的，是外部环境和奖惩，还是我的内在动机

→ 今天，我要让自己不因奖惩而去做或不做一件事，并且要和自己谈谈：什么究竟重要的事；要花点时间更重自己：什么事情让我感到很兴奋，感到很有价值

03 只要你想活得有意义，就没有阻挡能够阻挡

检视：在工作中，我在多大程度上活出了内在动机，做自己兴奋的事情，同时持续为他人（含组织、社会等）创造着价值

→ 今天，我要如何在工作中打破陈规，去做令自己兴奋，又能为他人创造更大价值的事情

04 真正地视己为人，要启动宝贵的"第三种力量"

追问：我如何看待自己的出身和天性、经历和环境，我是否觉察到并启动了超越这二者的"第三种力量"

→ 今天，我要问自己：我的信念是什么，我打算为何而奋斗，我立刻行动起来了吗

图 1-3 "视己为人"内核观念的每日功课

当我们做到这些，便会知道：一个人内心的力量可以强大到什么程度。

最后，以一部伟大影片作为本章的结尾，那就是《肖申克的救赎》，一部关于自我救赎的电影，它令每个绝望的人看了都仿若重获新生。它讲述了人在极端受限的外在环境下，内在力量能够创造怎样的奇迹。

安迪是影片主人翁，因被冤判，坠入肖申克监狱。这里的犯人大多被判二十年以上，甚至终身监禁。能想象吗？从青春年少，到两鬓斑白，他们一生中的大部分时间都在这里度过。日复一日，年复一年，他们在烟熏火燎的锅炉房里经受着非人的待遇，精疲力竭时吃几口爬着虫的馊粮，更可怕的是，即便深夜也可能被狱警拳脚相加。唯有偶尔在高墙下放风时相互嘲弄人生的无奈，他们才感觉喘了口气。

有时我会想，如果自己被抛入肖申克监狱，恐怕也很难感受到自己还是个人。这里的人们如机器一般被使用，如动物一般被对待。

然而，安迪让我看到，如果一个人真的将自己视为人，那么在任何时候，处于任何环境，他都可以活出自我。

机缘巧合下，安迪与狱友被安排修缮牢房屋顶。大伙儿战战兢兢、埋头苦干，而安迪——这位曾经的银行家，此时的囚犯，却如同在客户办公室。他无意中听到狱警抱怨，便发现了其避税需求。他伸手相助，期望居然是让狱警"请狱友们每人3瓶啤酒"。当早晨10点的阳光洒下时，早已戒酒的安迪看着狱友们畅饮，半眯着眼微笑，享受着当下的自由。

　　谁能想到理财才干能在监狱中发挥？接下来，他很自然地成了所有狱警的报税员，还有典狱长的私人理财顾问。凭借这份"交情"，安迪得以走出锅炉房，调岗到监狱图书馆。图书破败陈旧，他决心为狱友建一所像样的图书馆。他每周写一封信向上面申请，连续 6 年，上面批了 200 美元和一堆书，以为他会消停。而他"得寸进尺"，每周写两封信继续申请，最终州政府答应每年批准 500 美元专供肖申克监狱。此后，狱友们开始在监狱里享受阅读的滋味。

　　安迪清楚自己在监狱，但哪怕放风，也如同在公园中散步，甚至冒着被毒打的风险，也要用喇叭奏放莫扎特，让天籁之音响彻。当电影镜头缓缓划过广场上的犯人和狱警，我们看到所有人都静立在原地接受音乐的洗礼，抛却心中的愤懑怨怼，全神贯注地享受这片刻的美妙。

　　最令人吃惊的，是安迪的越狱。他似乎同时拥有两个目标——一个远大的理想目标，就是走出监狱，但这何其困难，因此他的另一个现实目标尤为珍贵。如其所言，"有的人忙着死，有的人忙着活"，他从未放弃令自己感到活着的每一个瞬间。我相信，当他找狱友买小锤时，真的只是出于雕刻石头的爱好。然而，他在雕刻墙石时，竟发现或能挖通。监狱的夜晚漫长，而安迪从忙着搞爱好，到忙着给自己准备生的希望。当看到他最后冲破樊笼，在暴雨中拥抱自由的画面时，想必每一个人都会落泪，并重新审视自己的人生。

对大多数人来说，监狱的世界，是禁锢的世界，只要在这里待得足够久后，这里就成了确定性的世界，如同狱友瑞德所说："监狱这地方，一开始进来时，你恨它，后面会逐渐地适应它，然后有一天会发现再也离不开它。"

监狱外的世界，是自由的世界，然而当离开久了，再回来时，自由就不再是自由，而成了陌生与不确定性。出狱的人失去了熟悉的环境、既往的节奏和惯常的身份，一时间"当要小便时，如果不打个报告，都可能一滴也尿不出"，甚至如同监禁 50 年后假释出狱的老布，在迷失自我的旅途里走向自杀。

自由与不确定性，是一个硬币的两面，找到活下去的理由，是让硬币翻面的力量。当瑞德看到安迪给他埋在大树下的信时，转眼间，身处不确定性中的茫然、虚空，一下转变为了对自由的体验和对未来可能性的期盼——他拥有了新的信念。

我曾听不少人说在公司做着自己不喜欢的工作有多煎熬。年轻时懵懂地进来，当回过神来感到不爽时，却又为了赚钱养家而不得不继续。内心的冲突令人倦怠、愤恨，但时间一长，似乎也能适应，甚至还会怕因年岁或绩效不能再待下去。似乎无论身在其中，还是重回外部世界，都令人寝食难安。

禁锢与自由、确定性与不确定性、失去自我与找回自我，这是摆在你我面前的选择。事实上，不管在墙内还是墙外，不确定性都如影随形，冲破恐惧绽放自我的关键，恰在于视自己为人，找到生命的意义和内心的信念。这可能像瑞德那般，幸得贵人指引，内心将此升华为自我的解放；也可能如同安迪，从不放弃生活与自由，从未放弃信念，他或许一开始也并不清楚如何通向远大目标，然而忙着活、不躺平，必使其找到去往远方的道路。他心中没有不确定性，无论在任何环境中，都在成为自己，并给那些惧怕不确定性的人带去希望。

如同我的老师漫画家蔡志忠先生教诲弟子们的："你的心就是你的庙堂，你是自己的上帝，你是自己的恶魔。"

在接下来的章节里，我们将一步步进入实操阶段，看看我们怎样在视己为人的理念的指引下，让职业生涯绽放光彩，同时绽放生命意义、收获幸福生活。

身心状态

再出发，从"慢"下来开始

　　视己为人，人们在观念上天然认同，有时却不知从何下手。

　　昇畅也如此。当回首过往，看到自己如机器般运转时，她发自内心觉得不能再这样下去了，一定要对自己好一点。然而，从什么地方做起呢？

　　对昇畅来说，新生活大门的钥匙，是重拾瑜伽的爱好。这或许与瑜伽的特点有关，但真正发挥作用的，是让习惯了匆忙的脚步慢下来，开始体察自己的"身心状态"，重新触摸到自己，逐渐生起对自身和环境的觉察，找回久违的活力，并推动生活进入新的正向循环。

01 慢下来，

先做一个能睡好觉、吃好饭、迈开腿的平常人

　　夜已深，小张才从办公楼走出来，他已习惯如此。

　　有时是因第二天新功能上线，不得不加班，而更多时候

他也不知道为什么，左摸摸右摸摸，就很晚了，似乎有种说不清的力量，把自己按在工位上。

如果说这股力量是同事间比着加班的无形压力，似乎说不过去，因为回到家后，他也并未进入所谓的高质量生活。回到家后，小张会重新打开电脑，不断点击着文件夹，看看白天的方案，弄下领导提过一嘴的模板，或者对着钉钉东点一下西点一下，内心的焦灼呼之欲出。

合上电脑，哪怕已把自己"放"在床上"充电"，也还是会不停刷手机，回消息、看热点，生怕错过世上的新讯息，实在无聊时，就用 2 倍速看新上的影视剧、综艺。

小张内心发生了什么，没有人知道，甚至连他自己也说不清，这是一种难以抑制的"忙"，忙着赶工，忙着在工位发呆，忙着刷手机。在这"忙"中，他常在迷糊中睡去，又在昏沉中醒来；在这"忙"中，他用外卖对付自己的胃，或在食堂毫无意识地将一碗面"倒"下肚；在这"忙"中，他的屁股被紧紧"粘"在了椅子上、沙发角中，可以一动不动好几小时。

我们生下来就会睡，不用教就会吃，一岁前后就跃跃欲试要走动。睡好觉、吃好饭、迈开腿，听起来似乎是每一个平常人都能做到的。

然而，如今，睡眠不良、饮食不佳、久坐不动，却越来越成为职业人，乃至绝大多数现代人生活的一部分，为此人们常感腰酸背痛、疲惫乏力、头脑昏沉。造成这一状况的原因人各有异，但无疑多与"忙"有着直接或间接的关系——

我们把时间塞得满满的，来不及关注自己的身体，以致腾不出 7 小时来睡眠，没心思好好吃个饭，也抽不出空到户外释放、伸展。

事实上，在我们思索如何走出职场困境、获得职业发展时，如果能有意识地让自己慢下来，先尝试睡好觉、吃好饭、迈开腿，将会带来出乎意料的体验和收获。

健康的基石

第一个收获，显而易见是健康。

1992 年，在加拿大维多利亚召开的国际心脏健康会议上，《维多利亚宣言》[1]发表了，它提出了健康的四大基石：合理膳食、适度运动、无烟草的生活方式、支持性的心理社会环境。四大基石中的前两项，正是我们上面提到的吃好饭、迈开腿。

睡眠对健康也极为重要。美国加利福尼亚大学伯克利分校"人类睡眠科学中心"创始人马修·沃克（Matthew Walker）教授指出，睡眠会影响人们的健康，睡眠不佳会导致糖尿病、肥胖，生殖功能受损，乃至增加癌症风险等。[2]

如果一个人真能慢下来，睡好觉、吃好饭、迈开腿，最起码会显著提升健康水平，而一个"视己为人"的人，定会将健康置于重中之重的地位。

活力之源

"忙"使得人们越来越重视所谓的时间管理，我们把日程安排得满满的，却常因精力不济，难以高效如期推进并取得成果。

日本神经科名医、时间管理教练桦泽紫苑指出，影响工作和生活成效的，不只时间多少，更取决于大脑的活力状态，因此时间管理应从一维走向二维，即专注力 × 时间[3]。美国心理学家吉姆·洛尔（Jim Loehr）更是开创性地提出"管理精力，而非时间，才是高效表现的基础"[4]。

同时，这两位专家强调，睡眠、饮食、运动是影响我们大脑活力和身体能量的关键。因此，即便只是为了更高效地工作，也要做到越忙碌，越要让自己慢下来，睡好觉、吃好饭、迈开腿，从而焕发活力。更何况活力本身就是一种美好的"视己为人"体验。

时间的累积是生命，如果把"活力"拉长到一生的时间来看，我们不禁要问，如何延缓衰老？

2009 年，生物学家伊丽莎白·布莱克本（Elizabeth Blackburn）等人被授予了诺贝尔生理学或医学奖，他们发现了人体的长寿密码之一，"端粒"与"端粒酶"。端粒的长度，可谓是衰老的"晴雨表"，而人体自身的"端粒酶"则能影响端粒长度。适当的运动、健康的饮食以及充足的睡眠，能够促进端粒酶的分泌，保持端粒的生长，带来抗衰老的效果。[5]

积极心理状态的"灵药"

如果想走出低落情绪、挥除阴霾，或让自己心情愉悦、头脑清爽，你会怎么做?

让我们先从一项著名的实验讲起[6]，156 名患有抑郁症的成年人被分为 3 组，在为期 4 个月的实验中接受 3 种不同的治疗方案。第 1 组是锻炼组，每周进行 3 次 30 分钟的有氧锻炼;第 2 组是药物组，在医生指导下服用一定剂量的抗抑郁药物;第 3 组是锻炼 + 药物组，同时接受与上述两组相同的锻炼和药物方案。

结果发现每一组患者中都有超过 60% 的人情况有显著好转，且各组间的效果没有明显差异，换句话说，对抑郁症患者来说，经过 4 个月的治疗，单纯依靠锻炼、单纯依靠药物，或同时依靠锻炼和药物，在效果上基本相同。

更令人吃惊的，是三组患者中长期的效果差异。此后 6 个月，研究者对 4 个月治疗期结束时有明显改善的 83 名患者进行了跟踪随访，发现:药物组中有 38% 的患者抑郁症复发了，锻炼 + 药物组的复发率是 31%，而锻炼组，竟然只有 8% 的复发率。

这表明，运动对于治疗抑郁症有明显的作用，或者通俗地讲，运动有助于人保持积极的心理状态。

不仅如此，早有学者系统阐述过"运动能改造大脑"[7]，从而帮助人更好地解压、降低焦虑或抑郁程度、提升专注力等，运动甚至还能帮助我们更好地与人沟通，例如，研究发现，人们在快速行走、心率加快后，能在买二手车时谈到更好的价格，或在面试新工作时为自己赢得更好的薪酬待遇[8]。

除运动外，睡眠、饮食同样对我们的心理状态有明显影响。

关于对待睡眠的态度，我的一位咨询来访者的原话很有代表性："白天都在忙工作或别人的事，感觉夜里才属于自己，就想'放松'，于是常刷手机到困得不行才睡去，早晨醒来却感到一点也没有'放松'。"事实上，研究发现，睡眠不佳会对情绪产生负面影响[9]，相反，高质量睡眠和充足的睡眠时间有助于工作者在早晨醒来后激活积极的情绪，并显著抑制消极情绪[10]。不仅如此，睡得好还能明显提升大脑功能，包括更好的学习能力、记忆力、运动表现，甚至是更高的创造力等[2]。

很少有人会把饮食和心理健康联系在一起。然而，研究表明，合理的膳食对抑郁、焦虑等的预防和改善有助益作用[11,12]。可以说，吃什么、怎么吃，不仅意味着"填饱肚子"或"满足嘴巴"，而且影响到积极的心理状态。

关于睡眠、饮食、运动的极简小贴士

要想走出职场困境，获得职业发展，我们首先可以做的并非什么"高难度动作"。相反，人生如常，如果我们能慢下来，睡好觉、吃好饭、迈开腿，那么就已给走好职业路创造了良好开端。

至于让自己慢下来的具体做法，仅结合个人体验和相关文献，汇成极简小贴士，供大家参考（见图2-1）。如果还要极简为一句话，那么就是"饮食有节，起居有常，适度运动"。

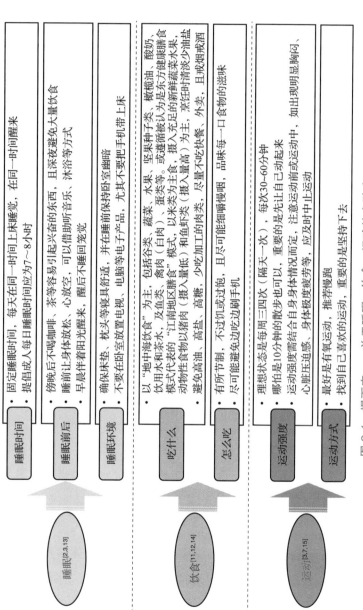

图 2-1　慢下来——关于睡眠、饮食、运动的小贴士

02 "给我一个支点，我可以撬动地球"

"慢下来"，显然不只是为了睡觉、吃饭和运动，尽管这些事关乎我们的健康、活力和积极的心理状态。"慢下来"，更会极大影响我们的实际效能和未来发展。

古希腊物理学家阿基米德曾说，"给我一个支点，我可以撬动地球"，如果把我们每天面对的工作任务、挑战，乃至整个职业生涯比喻成这句话里的"地球"，那么，你是否花了足够的时间去寻找支点呢？

不少朋友会想，日复一日，手头事情一件又一件，生活问题一个接一个，应对都来不及，哪儿有空去找什么支点。知名管理学大师彼得·圣吉（Peter M. Senge）在《第五项修炼》[16] 中，将这一做法诠释为"症状解"，好比门前被一块大石头挡住，直接用手去搬，搬到汗流浃背石头都可能纹丝不动。与之相对的是"杠杆解"，在大石头下面垫一块小石头作为支点，然后用一个杠杆去撬动大石头。

"症状解"说白了就是"头痛医头，脚痛医脚"。圣吉接着说："最明显的解决方案不管用，它最多只能带来短期的改善，长期来看则会把事情搞得更糟。应对困难的问题，常常必须发现'高效杠杆作用'在哪里，即找到既省力，又能产生持久、可观的改进的变革方法。"

慢下来，才有可能走出"症状解"

"症状解"现象随处可见。

做 Excel 表时，宁可一条条贴数据、核对，也懒得花时间编写一个可一键完工的函数。

写代码程序时，宁可各自从头干，拼命重复造轮子，也不愿主动想办法促进"代码库"的共建。

进行电话销售时，宁可被一个又一个客户拒绝，也没想到花点时间反思总结、向人求教，乃至建议部门编写个电话销售攻略指南。

带领团队时，忙到半夜还在聊天群发布工作指令，一有空就把员工盯得死死的，却没下功夫去激活员工动力、帮助其厘清目标并改善工作方法。

匆忙陷入"症状解"，不只影响工作成效，甚至可能扼杀我们的职业未来。

老王在一线程序员岗位上干了十几年，兢兢业业、没日没夜，补 Bug、测试上线、维护系统，太忙以致没空学习新编程技术，他的兴趣和长项也不在人际沟通或管理上。领导倒是提醒过他，"不要光埋头拉车，还要抬头看天"，手头上的活儿要干好，但也要关注下公司的大目标，想想自己怎么提升。但老王仍然觉得，与其花时间想那些大问题，不如多写两行代码。

一年又一年过去了，似乎各方面还算安稳，作为部门老黄牛，老王心想或许可以在这里一直干下去，从未料到，自己刚年过四十就被公司请了出去。他很难过，但是怪不了领导：一方面，在技术升级的趋势下，自己工作得越来越吃力；另一方面，越来越多二三十岁的年轻人涌入公司，他们期待的薪酬竟然不到他的一半。

哈佛大学教授塞德希尔·穆来纳森（Sendhil Mullainathan）认为，长期太累，人会变傻。[17]觉得自己的时间太少，而要去做的事情又太多，会导致一种稀缺感，其本质是没有余闲。这不仅提高了失误的成本，而且让人们更有可能犯下错误、做出不明智的选择。

可以说，要想走出"症状解"，为自己创造必要的余闲非常关键。

时常提醒自己，要看见"整体、关联和动态"

"杠杆解"意味着"四两拨千斤"，但找到"杠杆解"并不容易，其前提是"系统思考"。

"系统"表示"一群相互连接的实体"，而"系统思考"的精髓在于用整体的视角观察事物。[18]通俗讲，就是"既见树木，又见森林"。

"盲人摸象"的故事为大家所熟知，这份熟知有时恰在于对其中盲人的感同身受。在环境多变、组织复杂度越来越高、信息量日益过载的今天，我们常无意识地埋头于手头的工作或眼前的生活，来不及关注更大的背景或未来。"系统思考"

提醒我们，要懂得"整体大于部分之和"，要注意理解"各个组成部分之间的关联"，以及要以"动态变化的视角"看待事物。

如何进行系统思考修炼，圣吉认为，其实质是心灵的转变[16]：

▶ 看清各种相互关联的结构，而不是线性的因果链。
▶ 看清各种变化的过程模式，而不是静态的"快照图像"。

这样的修炼，不是深夜加班回家路上的额外功课。事实上，我们需留些智慧，去辨识哪些事可以不做，需留些勇气，去合理拒绝。如此，便可以腾挪能量，做真正有价值的思考。

放到工作和职业发展的背景下，我们有必要停下来多问自己：

▶ 站在客户需求和公司整体目标的角度看，这项工作任务究竟是什么，有没有更好的做法。
▶ 站在部门乃至公司的角度看，我的工作和其他同事的工作之间究竟是什么关系。
▶ 站在行业乃至社会趋势的角度看，公司和我的工作会怎样演化。
▶ 以我自己的人生为背景看，我每天在忙的是什么。

在此基础上，进一步追问，自己目前要解决的头等大事是什么，在什么地方做出改变，就有可能导致整个系统的变化。反复发问，持续探索，便会越来越接近工作和职业发展的"杠杆解"。

03 定下来，
从专注一处到觉察内外

寻找"杠杆解"是一个在深度思考中产生洞察的过程，人们之所以没有找到"杠杆解"，常常不是因为缺乏这份意识和愿望，而是因为没有这种心境——"慢下来"只是第一步，我们真正要进入的状态是"定下来"。

"自动导航状态"

深度思考的前提在于拥有深刻、专一的注意力，然而，正如德国新生代思想家韩炳哲在《倦怠社会》中所说："这种深度注意力却日益边缘化，让位于另一种注意力——超注意力。这种涣散的注意力体现为不断地在多个任务、信息来源和工作程序之间转换焦点。[19]"

十年前，当作为新员工第一次走进互联网公司时，我最惊讶的是不少同事桌上同时亮着三台屏幕，我好奇"这怎么忙得过来"。人们飞快操作着键盘、鼠标，视线在大小屏幕间转来转去。即便只盯着一台笔记本电脑时，也会同时打开多个窗口，一边写代码或绘制产品原型图，一边不断回复 QQ 消息，时不时还会打开新闻或游戏页面看上两眼。甚至开会时，也有人保持着一心多用——一边听着发言人讲话，一边刷着自己的屏幕。

我本以为这是互联网公司特有的画面，然而，十年过去了，这已然成为绝大多数人的生活常态。我们的双眼被电视、电脑、平板电脑、手机占据，心里塞满了家长里短、公司事务，或八卦热点、全球大势，即便什么都没忙，思绪也会自动飘向远方或辗转于过往。

这一切，常发生在无意识间，如卡巴金（Jon Kabat-Zinn）教授所说，"我们的所作所为常常是在这种像奔流不息的河流或瀑布一样的凡庸想法和冲动的驱使下，而不是在自觉清醒的状态下做出的"[20]。心理学将此称为"自动导航状态"[21]。你有没有这样的经历，原本要参加下午 3 点的会议，结果却在走廊边和同事聊起来，等回过神来时早已错过了会议，或者打开电脑准备写一份方案时，却开始回复各种消息，一发不可收拾。牛津大学教授马克·威廉姆斯（Mark Williams）形象地说，"整个过程就好像，大脑在一个地方，但身体又在另一个地方"[21]。

"自动导航状态"有其存在的必要性。诺贝尔奖获得者丹尼尔·卡尼曼（Daniel Kahneman）曾采用心理学家基思·斯坦诺维奇（Keith Stanovich）等率先提出的术语，用以说明大脑中的两套系统，即"系统 1"和"系统 2"，其中"系统 1"的运行是无意识且快速的，不怎么费脑力，而"系统 2"是有意识的，很消耗精力。[22] 人的注意力都是有限的，"系统 1"，或者说"自动导航状态"的存在，使我们只需动用少量注意力资源，就能完成一系列复杂的惯常动作。

然而，"自动导航状态"却十分不利于我们进行深度思考，哈佛大学兰格教授将之称为一种习惯性和肤浅的认知处理[23]。不仅如此，它还会严重影响我们的情绪和心理状态。顶级学术期刊《科学》（*Science*）上曾发表过一篇论文，题为《走神的大脑是不快乐的》[24]。

如何才能避免走神，进入专注状态

要想回答这个问题，先来看下脑科学领域近些年来的一项重要发现。

人们通常认为，大脑在处理任务时的激活程度要比安静状况下高。然而，神经科学家马库斯·赖希勒（Marcus Raichle）在 2001 年发现，在我们不进行脑力活动时，仍有部分脑区（内侧前额叶皮层、后扣带皮层等）处于高度活跃状态，而当我们专注于某项任务时，该脑区又会平静下来。赖希勒将其命名为"默认模式网络"（Default Mode Network，DMN）[25]。这也解释了，为何我们哪怕什么都不做，仍然感觉很累。进一步的研究表明，"默认模式网络"是走神的神经机制基础，在什么也不做时，人们并非无念无想，而是思绪不断游离，例如，不断在想"这次我表现得如何？他们为什么关注我？"。这些杂念多指向过去或未来，且多与"自我"有关，人们往往会在头脑中反复播放自己最担心、最难过或

最得意的场景。[26,27]

"默认模式网络"有其必要作用，但若它过度活跃，则意味着更多的杂念，而更频繁的走神，也意味着我们更容易疲惫。那么，我们如何使自己平静、安定下来呢？

在可能的方法中，冥想可谓是最便捷、健康的方法了。研究表明，熟练的冥想者在冥想时，其"默认模式网络"处于减弱状态[28]，这意味着冥想能使人们更少走神、更多专注。

冥想与正念，一呼一吸之间的美妙

冥想，有人从字面意思将其误解为冥思苦想，但恰恰相反，它意味着静心和顺其自然的状态。严谨地说，冥想是"通过'止'和'观'的精神训练达到心身和谐、安定、觉醒的状态"[28]。它是一系列源于东方的练习方法，我们常听到的瑜伽、太极、坐禅等都属于冥想范畴。

在所有冥想形式中，有一种叫"正念"。它剥离掉了冥想的宗教性，强化了简明、实用性，并经过了现代心理学和脑科学的重塑、实证。

研究表明，正念练习不仅能提升专注力，而且有助于降低压力、改善情绪、增进幸福感[28,29,30]，心理学家以正念为基础，创造了有助于减压的"正念减压疗法"[31,32]，以及有助于抑郁治疗的"正念认知疗法"等[21]。此外，正念还有助于我们更好地开发自己、投入工作[28,29]。众所周知，苹果公司创始人史蒂夫·乔布斯（Steve Jobs）就是专注于正念的实践者，而许多科技公司早已引入正念，其中最著名的是谷歌的"探索内在的自己"（Search Inside Yourself，SIY）正念课程[33]。可以说，正念练习，正在走进越来越多人的生活。

那么，正念，究竟指什么呢？

将正念引入心理学、医学领域的卡巴金这样描述，"正念意味着以一种特殊的方式集中注意力：有意识地、不予评判地专注当下"[20]。他强调，在此过程中，我们对当下的现实，将更自觉、更清明、更接纳，乃至觉知得以提升。可见，正念的核心要义在于"注意"层面的"专注与觉察"、"态度"层面的"不予评判（接纳）"，以及"动机"层面的"有意识（指向性）"[34]。这是正念的灵魂所在，无论具体操作形式如何，只要把握住这一灵魂，便有助进入正念的状态。

关于正念的系统练习，可参见相关专业书⊖，在此，仅分享我本人最常用的一种方法——"静坐观呼吸"（见图 2-2），它也是所有正念练习的基础。

静坐观呼吸，是一件既简单又难的事情。其简单在于只用一把椅子，花几分钟时间即可进入练习，整个过程的要义在于有意识地保持觉察，对自己的感觉和呼吸投入自然而然的专注，除此之外，什么都不用做。其难也在于此，我们平时习惯了忙碌和思绪的游移，一时间不易做到将注意力置于一处。但是只要多给自己耐心和接纳，持续练习就能逐渐做到。

⊖ 例如本章参考文献第 21、32 条列出的《正念禅修》《多舛的生命》，以及李波著的《正念第八天》等。

1.开始静坐

具体做法：

- 身体端坐于座椅上（也可双腿盘坐于地垫上）
- 不依靠椅背，背部、颈部、头部尽量垂直于地面，双手放在大腿上，双腿不交叉，双脚平放于地面上，身体尽可能放松
- 微闭双眼，面部放松，嘴角微微上扬（即保持平静喜悦的微笑状）

关键点：

- 坐姿的端正：利于呼吸自如、通畅，也是专注、自我接纳与内在尊严感在身体上的对应
- 舒适与带有警觉的放松：尽可能让自己处于舒适姿态，全身放松，但这种放松与睡觉不同，它是清醒的、带有警觉的放松，因此不要在困乏时进行练习

2.关注身体感觉，回到当下

具体做法：

- 关注身体的感觉：将注意力拉回来，感受身体与周围环境的接触（如脚底与地面、臀部与座椅、双手与大腿等），并进一步关注到身体其他部分的感觉（双腿、躯干、颈部和头部等）

关键点：

- 保持对身体感觉的觉察，让自己清醒、放松、自然而然地关注当下

3.观呼吸

具体做法：

- 调整并关注呼吸的感觉（如每次呼吸的深度、吸气与呼气的温度差异等），并慢慢将注意力放在胸部、腹部上，体会随着每次呼气和吸气，它们一起一伏的感觉
- 建议用鼻子呼吸，但完全没必要控制呼吸的深浅或节奏等，只需任由气息自然呼吸

关键点：

- 注意力始终放在呼吸和胸部、腹部上，保持自然而然的状态
- 如果注意力跑开，要明白这是很正常的事，不必自责；相反，当发现注意力跑开时，应祝贺自己，因为你对此有了觉察，然后只需温柔地“邀请”注意力回到呼吸和胸部、腹部上即可——跑掉一次，就温柔地邀请回一次，跑掉一百次，就邀请回一百次

练习时间：一般为10～15分钟，但长短无所谓，关键在于每天坚持练习。此外，在每临大事前练习会收到奇效，例如，做报告、开会、完成高难度工作等

图 2-2　正念练习基础方法——“静坐观呼吸”

　　对于静坐观呼吸，在把握其要义的基础上，我们还可灵活变形。例如：将静坐变为静卧、站立伸展、行走等；同时，也可在观呼吸的基础上叠加身体扫描、专注品尝美食或细细欣赏风景等。在练习过程中，"观"是精髓，其繁体字"觀"，左半边示意瞪着两只大眼睛看，意为高度觉醒地看着。观，在状态上，不能太紧张，也不能太松懈，要保持一种既放松又警觉的状态；而在内容上，既可观外部（如钟表、车流、风景），更可观内部（如呼吸、内在勾勒的风景或愿景、某种理念或原则等）。

　　这样的练习看似平淡，实则有神力（但我们并不刻意追求其效果，而是保持自然而然）。

　　我还记得，自己第一次觉察到静坐观呼吸的做法，是在20多年前。那是一个世纪之交的夏天，炎热的天气裹着内心的焦急等待，在家中老旧的阁楼，我等来了高考的落榜结果。被命运重拳暴击后，我反倒平静了下来，看见自己过往一年的样子：焦虑不安、心神不宁，做功课时不是起身喝个水，就是躺在沙发上看会儿电视，年初发的复习集，大多就做了开头几页，一有空就在忧虑或幻想未来——当时的我想，要走出四周发霉的老屋，自己必须考出去。

　　然而，在这样的状态下怎么可能取得好成绩呢？我自觉落榜一点不冤。在这份平静中，我开始感知到自己的呼吸，越是专注于觉察呼吸，我就越是平静，而越是平静，我就越看清了自己和周围，进而开始放弃对成绩的执着，拾起对每一刻状态的觉察。我开始自我观照，"此时此刻，我的状态怎样，我正在做什么……"，这样的观照令我从对明天的忧虑中回到当下，同时也充满了更为高涨的复习劲头、更为高效的行动力以及更为深刻的思考力。

次年，我走进了梦想中的大学，而更大的收获是，我有了足以指引一生的平静和觉察的体验。此后，每当焦躁或遇到大事时，我总会微闭双眼，去感知呼吸——呼吸，在这个最平常的动作中，我触摸到了正念。

在北师大的学习研究令我了解到，自己的偶然领悟，背后有科学实证的支撑。工作后，我也常引导客户、来访者或公司同事进行"静坐观呼吸"的练习。最神奇的是，在陪伴某业务运营团队的过程中，这一做法的引入，极大推动了团队的凝聚和业务的突破。

以开例会为例，聒噪和走神是常有情形：有时我们会你一言我一语，恍然间才发现鸡同鸭讲；有时我们则身在例会场，心在手机上，闷闷地开一下午会，感觉缺氧却又说不出聊了什么。这时，我们会合上电脑，静置手机，端坐闭眼，专注呼吸，在慢慢放松又清醒的过程中，将所有的注意力拉回自身，聚拢到此时此地的会场、伙伴、议题上，跟随着引导词，我们在头脑中观想：

"此时此刻，我感觉如何；今天来到会场，我们要讨论什么，产出什么，我将贡献什么；会场里还有谁，我将以怎样的状态与其互动；会议后，我们将如何共同行动……"

随着"静坐观呼吸"的气息和节律，同事们投入到会议讨论中，某些时刻，甚至可以体验到彼此合一，乃至与我们的产品、客户合一的感觉。而当会议结束时，同事们平静、喜悦，拉着伙伴，充满热忱地投入工作——很显然，"静坐观呼吸" 所带来的专注、觉察，乃至对彼此的接纳、感激，已溢出会场，走向了日常。

慢下来，心系于一物，并将注意保持于此物，久而久之，便能专注一处，进而觉察到内外的状况，正所谓 "因定生慧"。我在著名音频栏目 "冬吴相对论" 中听过对 "聚精会神" 最为绝妙的诠释，"你聚了精，才能够会到神"。

定下来，使我们得以真正看见自己和世界，从而指引我们享受当下、连接未来。

04 身心合一的奇迹力量

要想令自己进入专注、觉察的状态，正念练习提供了一系列规范方法，但不是唯一的方法。

为自己找到一项真正的爱好

事实上，用心聆听一段喜爱的音乐，沉浸于书法或绘画，乃至投入烹饪菜肴、制作物品，或是忘我地打上一场球、骑行于山间绿野等，都有可能将我们从纷繁复杂中解救出来，感受到沁人心脾的平静和喜悦。从这个意义上讲，如果你仍然觉得正念练习过于神秘，那么，不妨为自己找到一项真正的爱好，以浓厚的兴趣投入其中。

爱好的力量，我在我的小舅子身上深有体会。

第一次见到小舅子，便小受冲击。他不喜言谈，整日把自己关在小屋里，即便到了饭点也未必起身。我好奇他在做什么，探头一看，发现这个戴着防毒面具的年轻人，正着迷地一手端着模型骨架，另一手拿着喷枪上色；再一看，他的整个屋子里摆满了各种飞机坦克、坚船利炮的模型，桌子上是尚未完工的新物件。在那一刻，我脑中闪现的是"达·芬奇"。

听说小舅子自小如此，但如今他已二十来岁了，大学毕业后就一直家里蹲，很难让家人不愁。当家人们叹气时，我很肯定地说，"别担心，他现在很棒，未来也很棒"，很明显，一个清楚自己热爱什么，又能活出沉浸感的人，要想拥有点"前途"，用东北话说，那简直不叫事儿。

家里蹲了几个月后，小舅子自己说，还是得找个工作，这样玩起来没有后顾之忧。半年后，他考入一家大银行在县里的分支机构，那个地儿偏远艰苦，小舅子却很少埋怨，每周一早起拎着行囊就赶车。几年中，零星听到他工作上的进展：由于动手解决问题的能力强，他从负责全县设备维护，到被评为先进，从调回市里面，到引起市行领导重视。然而，他的状态始终平静，纵使生活和工作变动许多，但唯一不变的是一到周末就钻进小屋疯狂做模型。三个月前，老家传来消息，小舅子被提拔为分行主管技术的副行长。家人们惊喜不已，唯有他本人，依然平静，他知道自己源源不断的能量来自何处——生活和工作难免会有压力，甚至惊涛骇浪，而制作模型，成了他可停靠补给的港湾，这让他头脑清醒、擅长动手，更令他内心有扎根之地、愈加自信，而这一爱好的副产品则是可高价售卖的模型，以及让他成了圈内有名的 UP 主[⊖]。

跳进心流，体验身心合一

小舅子不懂正念练习，但当他选择将注意力从日常杂务，从他人的赞扬或冷落中收拢回来，平静地投入到爱好中时，便恰恰进入了正念状态。这令他完全沉浸于某种活动，乃至身心合一、物我两忘。著名心理学家米哈里·契克森米哈赖（Mihaly Csikszentmihalyi）将这种状态称为"心流"。作为"心流之父"，他访谈了数千位来自各行各业的人士，收集了超过 10 万份的心理体验分析记录。当谈到人生的最优体验时，所有人的描述都大致相同——日积月累的最优体验会汇聚成一种能自行决定生命内涵的参与感，水手感到船是自我的延伸，小提琴家自觉其创造的乐声是"和谐天籁"的一部分，外科医生体验到全体手术人员成为一个整体……在这种感觉中"好像漂浮起来""一种洪流带领着我"[35]。

心流，让我们更愉快，使我们持续挑战更高技能，而新技能和新成就不仅强化了自信心，还令我们对自己和世界有了新的理解。在现实层面，研究也表明，心流体验有助于人们提高心理健康水平，并增加工作中的积极体验，从而提高绩效[36]。

既然心流如此美妙，那么我们怎样才可以达到呢？

⊖　Uploader，上传者，网络流行词。

契克森米哈赖提到了这样几个关键要素：第一，拥有明确的目标，而且最好是"自成目标"[⊖]；第二，有即时的反馈；第三，觉得自己的技能足够应付当前的挑战；第四，注意力非常集中，聚精会神于此，完全没有空闲去思索任何不相干的事[35]。

除"心流之父"提到的四个要素外，我本人在心流中还体验到，要想达到心流，至关重要的是，要在内心消除自我评价，只是静静地观察，如实了解和感受真实状况，并将期待的样子凝为一幅生动画面，体会其中感觉，然后，胸有成竹地投入创作，如若还不能完成，只需平静地重复这一循环。教练技术的先驱提摩西·加尔韦（W. Timothy Gallwey）在谈到顶尖网球选手在巅峰对决中制胜的心理秘密时，也有过类似的论述。他指出，通过4步建立新习惯，有助于人们进入身心合一状态：第1步，不带评判性地观察；第2步，描绘期待的结果（视觉画面和感觉）；第3步，顺其自然，信任"自我2"（指我们的身体，即"行动者"，与之相对的是"自我1"，即"下达指令者""内在的评价者"）；第4步，不带评判性地冷静观察结果，继续观察和学习[37]。

关于身心合一的心流，最令我震撼的，莫过于在私塾目睹蔡志忠先生作画。

当天，老师教我们画漫画，他的教学方法很特别，未讲绘画理论，也未谈任何技法，只是对弟子们说，"我爱漫画，

⊖ 指做一件事不追求未来的报酬，做这件事本身就是最大的回馈。

制心一处，无事不办，越投入，画得就越是又快又好，越是又快又好，就越投入。好，接下来，谁帮忙计时，我来画"。

然后，老师提笔便画，如行云流水，自然畅快，又透出心如止水的气质，一幅接着一幅，持续不断。作画期间，老师还时不时抬头与我们言谈欢笑。我感到自己进入了一种神奇的体验，眼见一位大师，时而如入无人之境，在天地间唯与画融为一体，时而又饱含温润语调、纯真表情，与弟子们自在话聊。两种状态瞬时切换、毫无违和，看似一心多用，实则在每一个刹那，老师都活在心无旁骛中，令时间仿若凝固。

不一会儿，几十幅漫画挥洒而成，老师轻声关照，"好了，到你们了，画吧"。我感到一丝惊诧，怎么，这就教完了，轮到我们画了？并伴有几分忐忑，因为过去 30 年，无论是小时候上美术课、做黑板报，还是工作后美化文稿时，我内心一直告诉自己，"你毫无艺术细胞，尤其不擅长绘画"。然而，老师的能量又是极具感染力的，其心无旁骛令我那一丝的惊诧和忐忑瞬间消散，其自在挥洒令我相信绘画是一件简单的事情。

我提笔而动，那一刻，万籁俱静，我的第一幅漫画从笔下自然生出（见图 2-3）。回到家后，我继续练习，状态不改（"得意之作"见图 2-4），似乎从此就学会了画漫画，而内心30 年来的消极自我评价也随之消解。

身体在哪里，心就在哪里；心在哪里，身体就在哪里

身心合一的状态看似高深莫测，实则可以于日常中修炼。

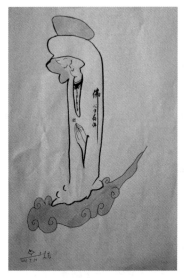

图 2-3 我的第一幅漫画　　　　　图 2-4 我的得意之作
（临摹蔡志忠老师之"观音"）　　（临摹蔡志忠老师之"庄子"）

　　记得在 2006 年，我曾有一次与生涯规划领域前辈金树人教授吃杂酱面的体验，望着铺满了黄瓜丝、萝卜丝、香杂酱的手工面，教授说："可否愿意体验一次不同寻常的吃饭过程？咱们一句话也不说，啥也不想，全身心地吃这碗面。先专注地看每一根面、每一丝菜的样子，夹起来，然后用心闻一闻，再轻轻放进嘴里，一下一下地咀嚼和品尝，最后再慢慢吞咽。"我点头微笑，期待着这不一般的午餐。这的确是我吃过的最难忘的一碗面，筋道的面、香脆的黄瓜丝、鲜嫩的萝卜丝混着豆香味的酱，复合的滋味在我口中炸裂开来，五感被充分激活，仿佛一下走进了农家原野。餐后，我问教授，这何以如此神奇，他微笑着说道："身体在哪里，心就在哪里；心在哪里，身体就在哪里。这种状态可以让我们吃面很香，还能解除很多忧愁，令我们平静又乐在其中。"

是啊，这是多么简单的日常，吃饭的时候就好好吃饭，睡觉的时候就好好睡觉。正如《正念的奇迹》中所写的，"在你洗碗时，洗碗应当是你生命中最重要的事；当你喝茶时，喝茶就是你生命中最重要的事"[38]。

这种做法是如此简单，对我们平常人而言，却又特别难。我们总想着过去或未来，而难以安于当下；我们总关注着世界、社会或他人的言谈，却难以投入手头之事。然而，最重要且最可感知的，不正是我们自身吗？如若可以回到当下，将心念放在正在做事的手上、正在行路的脚下、正在说话的口中，那么，我们距离身心合一则又近了一步（见图 2-5）。

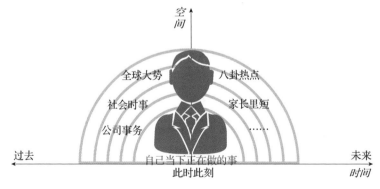

图 2-5　当下，自己的身心在何处

05 行动指南：
"身心状态"的每日功课

要想走出职业困境，获得发展，我们需要重新焕发内在的能量。

内在能量，意味着什么？

它意味着健康、活力和积极的心理状态，意味着看见整体、关联和动态，进而发现"杠杆解"的洞察力，意味着活出专注和觉察，乃至身心合一。

内在能量，如何得以焕发？

飞速转动，不是答案；相反，慢下来，才可能是出路。慢下来，令我们有空间和余闲，去触摸、拥抱和关爱自己的身体、头脑、心灵。

从身体入手，我们开始重视睡好觉、吃好饭、迈开腿；

从头脑入手，我们不再匆忙地"头痛医头，脚痛医脚"，而是致力于发现能真正解决问题、创造价值的"杠杆解"；

从心灵入手，我们有意识地进行正念练习，帮助自己走出"自动导航状态"；

而心–脑–体又共为一体，从其一入手必影响其余，最终令我们走向完整的自己，进而更加重视寻找我们真正热爱之事并投入其中，乃至投入每一个当下。

身心状态，值得你我慢下来，每日修炼，图 2-6 从行动指南的角度，给出了供参考的日课。

对应小节	底层问题	每日省思与行动
01 慢下来，先做一个能睡好觉，吃好饭，迈开腿的平常人	从身体入手：我的身体状况如何，是否活力和积极的心理状态，感到健康	• 我昨晚是否睡得很"饱"很"好" • 我今天的三餐是否按时按点，种类丰富，我是否细嚼慢咽 • 我今天是否活动了，哪怕只是站起来做了个拉伸
02 "给我一个支点，我可以撬动地球"	从头脑入手：我是怎样看待事物，思考问题的，是局部、孤立、静态的，还是整体、关联、动态的？我常满足于"症状"，还是用心寻求"杠杆解"	• 今天，我在忙什么？这些事跟我的总目标或所在组织有什么关系，接下来会有些变化 • 手头的一堆事，关键点在哪儿？有没有可能我只要全力撬动一个点，整个局面就会有改善
03 定下来，从专注一处到觉察内外	从心灵入手：我在多大程度上处于有意识地，不予评判地专注当下的状态，而在多大程度上对自己和环境处于开放的觉察状态	• 今天，我有走神的情况吗？有坐下来好好关注自己的呼吸和身体感受吗 • 我还可以如何进一步进行正念练习，以便改善生活和工作状态
04 身心合一的奇迹力量	完整的自己：我经常体验到身心合一的感觉吗？我此时此刻的注意力是正放在做的事上，还是心不在焉	• 今天，我是否投入自己热爱的事情（爱好、工作或其他）？身处其中，是否有心流体验 • 此时此刻，我把身心放在了何处，身与心是一起吗，与正在做的事在一起吗

图 2-6 "身心状态" 的每日功课

当每天被钉钉、企业微信叫醒，当被迫参加沉闷、琐碎的会议，当拖着疲惫身躯走出办公室，抑或当为孩子哭声、父母唠叨声所揪心，当茫然于下月房贷、房租时，我们常不由自主陷入焦虑、惆怅，继而让自己运转得更飞速，好抓住身旁稻草，或干脆一动不动地躺平。

这时，我们更需要让自己从生活的洪流中慢下来，暂停一会儿，去触摸下自己的身心，让头脑从千思万绪中跳脱，让心在各种烦恼杂念中平静。

身心状态，不只是我们走出困境，迎向更开阔人生的基础，良好的身心状态或许本身就是生活的目的之一，在其中，我们得以发现自己无限的潜力，感受到自己在真正地活着。

《徒手攀岩》这部影片深深打动着我，它讲述了传奇健将亚历克斯以无保护方式徒手攀登美国加利福尼亚州酋长岩的经历。攀登酋长岩是攀岩者共同的梦想，却从无一人敢于徒手挑战。

亚历克斯热爱攀岩，他的妈妈这样说："他在无保护攀岩的时候是最有生命力的，最能体会到一切，最能感受到生命，（我很担心他），但又怎么忍心夺走这样珍贵的东西呢？"为了攀登酋长岩，他无数次训练、预演，计算着最困难的绳段，在心中勾勒着最佳的攀岩路线图，更通过想象来体验徒手攀岩的内心状态。

酋长岩将近 1000 米的垂直绝壁，他将徒手而上，这是极限的挑战，是在生与死间的舞蹈，也是对心、脑、体全然的考验。然而，对亚历克斯而言，这也如同一场身心的至高享受，他这样说："我今天穿上攀岩鞋感觉特别激动，就像武士拔出了心爱的刀，心里会想，我的天啊，利剑就要出鞘了，我超兴奋。"

孤身一人挂在峭壁上，风声、鸟鸣声穿过耳畔，唯有自己的喘气声与之相伴，这时候，亚历克斯需要对身心有完全的觉知和控制，更需要全然专注于当下，与天地融为一体，一切的担忧或期盼、荣誉都不见踪影。登顶之后，朋友长出一口气说"好像有块大石头，终于从我心里落下去了"，女友在电话那头含泪欢呼，而亚历克斯却只是微笑，"真是太开心了，感觉棒极了，简直无与伦比"。

最令我触动的，是亚历克斯对自己身心随时随地的觉察与专注，他挂在绝壁上时，我手心冒汗，不禁联想，我们的人生不也是一场徒手攀岩吗？究竟是凭借对身心的修炼，全然投入其中，还是失去对身心的把握，以致跌入深渊，这是不可回避的关键问题。

身处充满变化和不确定性的时代，我们不停捕捉着眼前一闪而过的信息，拼命想抓住稍纵即逝的机会，想在他人面前使劲证明自己。然而，当慢下来，回到对自我身心状态的关注时，我们就会感知到，当对四周越来越难以掌控时，不如先从掌控自己的脚步开始。

PART

2

第 二 部 分

行 动

认识自己

拥抱你的独特，用优势和热情开路

　　我有个老乡叫清北，大学毕业后在北京工作了多年，两年前被公司劝退，恰逢新冠疫情就回了老家，眼下过得并不如意。最近清北找到我，问我北京有什么机会，他想回来发展，我关心道："你想做什么呢？"他脱口而出："能挣钱就好。"我以为他没听清，又问了一遍："想做什么啊？"清北原话一字不差地又说了一遍，我瞬间理解了他的境遇。

　　钱，谁不爱，关键在于通过做成什么得到钱；发展，谁不想，关键在于往何处及如何发展。说到职业之路，我们越懂得自己，就越能做到心有定力、身有方向。

在纠结、迷茫的时候，
拥抱独特的自己

　　每个人都会有纠结、迷茫的时候，比如工作多年，想挣钱却不知自己想做什么的清北。身陷其中者常问："我究竟该怎么办？"欲知出路，则要先看来路。

从小到大的做题家

清北自称"做题家"，第一次听到这个称谓时，我满脸疑惑，听说过科学家、艺术家、经济学家，未曾想，原来会做题也能成为"家"。

"做题家"这个说法，出自某网络社区一个帖子，原本说的是埋头苦读，擅长应试，但视野和资源不足的学子，后来被 985、211 等知名高校中混得不如意的那批同学引申用来自嘲。

网上流传，做题界的"皇冠"是海淀黄庄的补课大军，"特种部队"是位于华北地区的某中学学生，但清北觉得自己丝毫不比他们差。一想起在刷题中度过的高中时代，他总是骄傲又满足，教室门上的考试排名表，按分数论英雄的课桌位，曾一次次激起他内心的高潮。

然而，清北刚进大学就迷茫了，班级不再固定，考试不再排名，就连上什么课都得自己选。难受了大半年，在过来人的指点下，他总算摸清了门道，不就是一场更大的考试嘛，攒绩点、入社团、主持科研项目，这样可以多多积分，争取保研。

硕士阶段，清北给导师打了三年工，有补贴，论文通过得也算顺利，但快毕业时他却傻了眼，一下意识到原来自己需要抓紧找工作了。那是 2013 年，正值移动互联网飞速发展时期，懵懂间，他被师兄带进了一家网络公司。

几年下来，清北已混得轻车熟路，日复一日地接产品和运营的需求，解上级出的题。只是年龄渐长，他越来越加不动班，公司聘用他的成本也越来越高，而更年轻、用人成本更低的新一代做题家纷至沓来，在一次年终考核后，清北被公司请走了。他很痛心，用了两年疗愈伤口，却未能消除迷茫，他怀念做题的日子，因为只要有题做，就无忧。

读书时，我们比赛做题，通过分数确定名次，通过老师评价、父母奖惩确定自己的价值；工作后，我们忙于完成他人出的题，通过KPI来定薪水奖金，通过解题后领导的反应来获得发展机会。但我们终将遇到职业瓶颈，没有人可以依靠答对别人出的题就安身立命。

我们大多数人凭直觉知道分数、排名、KPI、上级评价并不能反映真实的自己，却已习惯做题，并仍通过分数或赚钱多少定义自己。似乎心有执念：世界由题组成，而自己的任务是找出标准答案。这成了周期性纠结、迷茫的根源。事实上，就算一直有题可做，掌控力也不在自己手上，哪怕威猛如一头雄狮，但拿到爬树的题，它又怎么可能比得过猴子？

从题和标准答案中走出来，认识独特的自己

做题家已然是人群中的佼佼者了，更多不可计数的人，考不了高分，却也困在做题中。

题与标准答案构成"标准化"，对此之迷思由来已久，整个社会，从工厂到写字楼，从公司到学校，长期浸染其中。

20 世纪初，机器大生产进入鼎盛期，"标准化"愈加极致，并摇身变为世界各地的企业、学校都遵守的组织原则。其中，管理学家泰勒可谓最深谙于此的划时代人物。他通过在工厂的长期观察，发现影响社会经济发展的关键是效率，而提升效率的关键在于制定标准化的流程，并为工人们设定标准化的操作。这一思想迅速影响各行各业，哪怕学校，也逐渐放弃了对个性化人才的发掘和培养，开始成规模地培养标准化人才[1,2]。

客观讲，标准化极大提升了社会生产力水平，也为无数家庭背景平平的人提供了上升的可能通道。然而，当越来越多人涌入标准化的赛道，做着相似的题目时，产能过剩和内卷变得不可避免。毫无个性的产品充斥着市场，缺乏特长的人才自嘲"高学历也就业难"。我们被迫忘掉自己是谁，潜意识里承认答案、分数、钱比自己更重要。我们在出题人面前努力表现，期望脱颖而出，却时常生出一种苟且感，乃至可被轻易替代的无价值感。事实上，以放弃"我是谁"为代价的交换，并不会给我们带来安全和成功。

那么，如何逃离标准化的陷阱呢？哈佛大学教授托德·罗斯（Todd Rose）在《平均的终结》一书中指出[2]，我们需清醒意识到：人是多维复杂的生命，不能以单一指标评价人；人在不同情境下会有不同行为，不能以不变的眼光看待人；人的成长和发展有个性化的路径，不能以规范化的道路限定人。

简言之，每一个人都是独特的，你我都是。

前进的方向、选择的准绳，究竟是交给题和标准答案，还是经由认识独特的自己来自行决定？二者的区别就在于，前者遭遇迷茫和纠结，后者则是一次次新奇的发现和创造。

无条件地拥抱独特的自己

世上没有相同的两片树叶，也没有一模一样的两个人，你我如此独特，却在何时被外在的标准答案洗脑，以致忘了自己是谁？如今，又该如何找回自己？

对此，心理学上有许多解释，我独钟情于人本主义心理学。每当看着新生的婴儿，我就愈加相信，每个人在自己的婴幼儿期都有过自由探索、自主行动、自在感受的阶段。我们会自然地手脚摇晃，转动着脑袋向四周看个不停，饿了渴了就立即哭喊，吃饱了就满意睡去，难受时闹，舒服了就笑。我们完全遵从和信任自己的身心体验，并朝向有利于身体成熟壮大的方向成长。

然而，儿童天生就离不开成人的哺育照料，伴随自我意识的萌芽，我们开始需要家长对自己认可、看重和喜爱，人本主义心理学称之为"积极关注的需要"。事实上，是否给予以及何时给予这种积极关注，完全取决于家长。家长有意或无意选择性地对待儿童的行为，对一些行为积极关注，对一些行为则忽视，对另一些行为甚至给予惩罚。渐渐地，我们对此有了意识，并将之内化为自己的标准，开始忽视真实的体验，而采取有条件关注的态度[3]——这成了我们成长早期最初的题目和标准答案。

上学后，更多规矩、更多题目扑面而来，它们帮助你我融入群体、掌握知识，然而，"我是谁""我真实的体验是什么"却很少被提及、觉察。规矩与奖惩、题目与分数驯化了我们，让我们学会区别对待自己的行为和体验。按照人本主义心理学大师罗杰斯的话来说，就是，"当一个人根据内摄的价值标准来行动时，我们说他习得了'有条件的价值感'。除非他按这些价值标准来生活，否则就不能积极看待自己，无法认为自己有价值。如此他趋近或回避某个行为，只是从这些自我关注的价值条件着眼，不再考虑这个行为在有机体上造成了什么后果。这就是所谓'生活在价值条件中'的意思"[4]。

我出生于五线城市的一个小商贩之家，在我很小的时候，母亲就带着我上街摆摊。我们三天两头遇到城管驱逐，以致母亲时常露出对朝不保夕担忧的表情。大家族中，二伯和六叔都是国企员工，备受尊重，爸妈偶尔也心生羡慕，说，"那样真好，有个班上"。

这些冷暖印在了幼小的我的心上，却也习惯于此，收了摊，我总会混迹于街头巷尾，从弹弹珠到拍烟盒，从打桌球到钻街机厅，一种莫名的兴奋感常涌上心头。然而，母亲对此却十分生气，一遍遍责骂我不要上街"混"，要好好念书。我至今忘不了当我兴高采烈端着赢得的一满箱烟盒纸回到家，却被勒令全倒进旱厕的瞬间，也时常梦见当年从街机厅被拧着耳朵拽出来，一路上都在被骂，回家还被罚跪搓衣板的一幕幕。这些经历让我开始远离街头，并从内心鄙视"出格"

的行为。

失去在街头玩耍的快乐后，我成天闷在家。其间，总看到父亲有空就举着书，我心生好奇，也有模有样地拿着小人书翻起来，并渐渐沉浸其中，而爸妈逢人就夸。我洋洋得意，不仅觉得读书可以学知识，而且感到自己是个好学上进的孩子。

然而，生活总少不了动荡，后来随着父母的离婚，我几乎完全陷入了"非主流"生活。在奶奶家、姑妈家、阿姨家、母亲那儿，还有自己独居的小屋，我辗转游移三四年，"要努力学习，进入'主流'"的决心愿望却更坚定了。在性格、行为上，我也越来越成为一个很认真、不出格的人，尽管内心时常会有想放肆如野马奔腾的冲动，但这种冲动总在纠结中被自己压抑下去。很显然，我习得了"价值条件"，成了做题家，一丝不苟地解着父母、老师，还有生活给我出的题，不敢去拥抱内心的向往。

然而，野马总有不可遏制时，大四那年，看到"西部计划"招募青年学子赴藏开展志愿服务的通知，听到那句"到西部去，到祖国最需要的地方去"在耳边回响，我内心如岩浆翻涌，激情开始喷发，但也很纠结，因为早在半年前，我就获得了保研资格，拜读在人本主义心理学家罗杰斯一脉传人、教育心理学家伍新春老师的门下。

我很珍惜读研的机会，且长期以来，师兄师姐之间流传着一种声音：每个老师的保研名额有限、极为珍贵，接收了谁，就意味着等着谁赶紧"干活儿"。这让我十分不安，担心老师觉得我不知好歹，更害怕被严词拒绝或直接剥夺读研资格。焦虑、冲突难以平息，在内心即将撕裂时，我鼓起勇气，怯生生地找到伍老师，说想聊聊。

我告诉老师："我太渴望去西藏了，想去呼吸下新鲜的空气，去感受那里的人。"

老师微笑着说道："嗯，听起来你憋坏了，还有吗？"

我喘着气回答"还有，我感觉自己有使不完的能量，想去为那里的人做点什么。"

老师望着我说道："嗯，你很想亲自去做点什么，而不只是待着校园里。"

我赶忙说："是啊，我很喜欢心理学，也想去西藏行走、做事，然后我一定会回来的，特别想回来继续跟您学习。"

老师笑着轻轻点了点头："很好啊，年轻人能有这种打算太好了，在校园能学习，到广阔天地更能学习，去吧，你在那里肯定能有所成长，记得多观察、多做事。"

我忐忑地问："老师，那我还能跟您学习吗？"

老师很自然地说："当然，你是我的弟子，明年等你回来，现在先把入学资格保留吧。"

我惊喜地看着老师，想大声喊叫，但忍住了，最后深深地抱住了他。

在找回自己的道路上，老师第一次为我打开了窗，让我照见了光，而彻底把我自己解放出来的是我的爱人。自相遇相爱，她就给予了我最深的接纳，无论做何选择，无论生活如何起伏，她总对我给予理解和欣赏，即便在经济环境最不确定的新冠疫情后，当我生出想辞职写书的念头却又被自己生生拍回去时，是她鼓励我，勇敢去成为自己，做自己最渴望的事。

一个做题家，一个活在"价值条件"中的人，如何微笑着去拥抱独特的自己？

站在人本主义心理学的视角看，是伍老师和我的爱人疗愈了我，他们待我以真诚、无条件积极关注，并一次次从我的处境和内心世界出发来感受、理解我（心理学称之为"共情理解"），而这正是罗杰斯口中"助益性关系"[5]之核心。

对一个人而言，恩师、爱人，可谓有助重塑人格、改变一生命运的贵人。家人、朋友、前辈，或某次偶然相遇交谈的对象，也都可能是我们成长的礼物。

有人问，贵人何处找？这个问题没有标准答案，而我想说：只要耐心寻找，必能找到，或许也有一位老师正等待着你主动发起交谈；想要醒来，必不会睡去，或许家人正等待着与你一起经历风雨。

我们永远要让心活着，不要让内在的渴望和身为一个人的"实现倾向"沉睡。人生最重要的贵人莫过于自身，外在疗愈最终也会回归到自我疗愈。让我们唤起内在的觉察，去看看自己是否还在"做题"，是否还在用"有条件的价值感"捆绑自己，去问问"我是谁"，并率先以真诚、无条件积极关注和共情理解对待自己，进而拥抱那个独特的自己。

02 当谈起"我是谁"时，
我们谈论的是什么

在从事企业咨询的那些日子里，我们经常会为甲方公司开展人才盘点或招聘工作，我们的第一个问题通常是"请介绍一下你自己"。

大部分人只会告知他们的姓名、部门和岗位，例如，"我是张三，来自运营部，是一名渠道运营专员"。有些人会进一步介绍自己工作了多少年，在哪些公司待过，做过什么项目等。还有人会聊起家乡、专业。当然，也有人手足无措，不知从哪儿说起，"嗯，我，那个……"。

少有人觉得不了解自己，但事实表明，这个问题恐怕是世上最难回答的问题之一。

人们一不小心就会将自我固着于某个标签，"我是 ×× 专业的毕业生""我是一名心理学工作者""我是 A 公司的经理"，然而，这有时会令我们迷乱，甚至崩溃。曾有一位教培行业的朋友，哭诉着对我说："我在这个行业干了十多年，教过成千上万名学生，我曾为此自豪，然而，现在行业成了这样，一想到明天头脑就一片空白，甚至说不清自己是谁。"

类似遭遇，前面提到的昇畅也有过。当被 B 公司扫地出门时，她作为大厂明星员工的光环瞬间消失，此后一个月甚至不再出门社交，因为很难介绍自己。有一天，朋友问了她两个问题，一是"如果从没加入过 B 公司，你究竟是谁"，二是"B 公司的经历在你这个人身上留下了什么"，她若有所悟，才开始尝试去看见那个一直都在且持续成长着的自己。

在看待一个人时，既需要关注显性因素，也需要关注隐性因素[6]。在心理学和人力资源管理领域，有一个"冰山模型"，用来比喻一个人的自我犹如海面上漂浮的冰山，能被肉眼可见的部分很少，绝大部分在海面下。根据隐秘度、学习难度（易变度）、可迁移度、影响度，可以将冰山模型分为两部分：显性部分包含知识、技能等，而海面下的隐性部分常指个性、动机等隐秘部分，如图 3-1 所示。

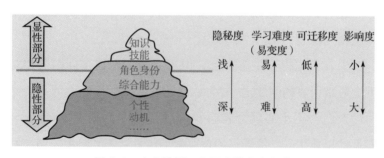

图 3-1　冰山模型：多层次的丰富自我

冰山上半部分所代表的知识、技能有其作用，因此谈到"认识自己"，确有必要对学过什么、会干什么有所意识。但也须知，知识更新换代的速度越来越快，而在网络时代，要初步掌握一些知识、一项技能并非难事，因此对职业人来说，重要的是以开放之心对待新知、新技，需要就学，边学边用。

至于角色身份，或许在那相对稳定的年月，人们可以在一个单位工作到退休，可以一辈子身处一个行业，但如今，"唯一不变的就是变化"已成为现实，无论我们内心是否眷恋于某个身份，外在的角色变化在所难免，所以"拥抱变化"应成为你我当有的心态。

而对于冰山的下半部分，一个人深层的综合能力、个性、动机等是比较稳定的，更重要的，它们对人生有广泛、持久的影响，所以我们不难发现，"认识自己"的重点当放在此处。

如果把整座冰山看作一个人的"内在我"，周围的海水则可类比为"外在我"。毕业院校、过往履历，以及家庭背景、经济基础等，也会影响一个人的职场境遇。没有人认为大专毕业和985高校毕业的人会被同等对待，更不会有人天真到觉得自己和富二代站在同一起跑线上。但这些因素中，有的并非你我能左右，所以纠结无用，有的只代表我们的过去。当谈到"认识自己"时，需明确，在"外在我"中，哪些是前进路上的助力，哪些则是要跨过的障碍。

03 成长与成功的方程式：
人生的过程及结果 = 优势 × 和谐的热情 × 正向思维

冰山的下半部分对人生影响巨大，然而，个性、动机这样的概念却显得笼统模糊。我们不禁要问，更具体地讲，究竟哪些要素最关键？

对此，最简洁且经实践检验的回答，莫过于日本经营之圣稻盛和夫的"成功方程式"：人生的结果 = 能力 × 热情 × 思维方式[7]。在稻盛先生看来："能力"，包括健康状况、才能和与生俱来的适应性等；"热情"，就是非如此不可的强烈愿望和干劲；而"思维方式"是指准备用怎样的精神状态投入工作并度过人生。

这个方程式透露着经营之圣的实践智慧，但可否更具体、更具可操作性呢？站在巨人肩膀上，我提出了"成长与成功的方程式"：人生的过程及结果 = 优势 × 和谐的热情 × 正向思维。当然，这仍是一个不完整的方程式，仅考虑了个人因素，后面还将谈及环境因素。

优势，让你脱颖而出

"能力"影响着人生结果，但人无完人，一个人究竟应补短板，还是发挥优势？

著名商业调查、咨询公司盖洛普曾对全球不同国家的人开展调查："什么可以帮你在生活中更成功？是了解并改善弱点，还是发现并发挥优势？"大部分人的观点是了解并改善弱点。但令人意外的是，盖洛普发现，那些较成功者，却更专注于发现并发挥优势[8,9]。

"现代管理学之父"彼得·德鲁克（Peter F. Drucker）在《卓有成效的管理者》中曾说，"有效的管理者，把每一个人都视为可以开发的机会，包括他本人在内。他知道唯有长处才能产生成果，而抓住弱点则只能造成令人头痛的问题"[10]。一系列研究也表明，发挥优势，有助于提高人员的敬业度和生活满意度，并带来更好的业务成果，同时，关注和发挥优势，还能提升我们的积极心理状态，如带来希望、增强信心、提升幸福感等[8,11]。

当然，这并非说完全不管短板，清华大学赵昱鲲老师曾在积极心理学课堂上打过一个有意思的比方，"把人比喻成一艘船，优势如同风帆，提供了前行动力，弱点好像船上的洞，有些弱点很致命，类似船底有洞，必须修补，但大部分弱点却如船舷上的洞，尽管也不好，却不会导致船下沉"，在无致命弱点的前提下，发挥优势尤为重要，"因为一艘船哪怕一个洞没有，但如果没有风帆提供动力，也只能随波逐流"。

老球迷或许还记得，2006 年世界杯冠军意大利队中有一名很特别的前锋叫菲利波·因扎吉。有个段子很能体现其特点：球探向某俱乐部队主教练力推一位前锋，正要送上资料……

教练问："他身体素质如何？"

答曰："比较瘦弱，对抗很吃亏。"

教练又问："技术如何？"

答曰："护球和带球能力不强。"

教练又问："那速度呢？"

答曰："速度也不是特别快。"

教练怒了："没身体，没技术，没速度，这典型的'三无球员'啊，要来何用？"

答曰："但他能进球！"

教练好奇了，问："他是谁？"

答曰："因扎吉。"

没错，这位伟大的前锋是"三无球员"，但有两项优势却是顶尖的，那就是敏锐的门前嗅觉和绝佳的意识，他被称为"生活在越位线上的杀手"，一次次用鬼魅般的跑位和灵巧的摆脱戏要对手，惊呆世人。弱点不少却一次次获得成功的因扎吉，让我想起"优势研究之父"唐纳德·克利夫顿（Donald Clifton）和同事在书中所强调的，"发挥你的优势，无论什么优势；控制你的弱点，无论什么弱点"[12]。

是的，没必要和弱点较劲，控制它就好了。对于无关紧要的弱点，避开就好了，要是避不开的话，就寻找与你互补的搭档或团队，只有对于实在避不开又致命的缺点，才花力气修补它。而最重要的，始终是发挥优势。

那么，我们究竟如何理解优势呢？

克利夫顿认为，优势由才干及相关的知识和技能构成，后者易习得，而才干相对稳定，它指的是"自发地重复出现且可被高效利用的思维、情感和行为模式"[8]。某种程度上讲，才干是天生的，而当它经过后天努力的锤炼，逐渐就成了我们的优势。正如不会有人怀疑苏炳添或徐梦桃具有运动天赋，但唯有在天赋上加上超越常人的努力，才能造就出世界级运动员。

为了发现哪些才干能带来优秀表现，克利夫顿及同事深入研究，找到了 34 种才干主题，开发出"优势识别器"，为普通人提供了了解自身优势的工具[12]。

除盖洛普的"优势识别器"外，著名的优势理论还有积极心理学创始人马丁·塞利格曼（Martin E.P. Seligman）和克里斯托弗·彼得森（Christopher Peterson）开发的 VIA 性格优势分类（VIA Classification of Character Strengths）。如果说前者更多体现职业场景特点，回答了"什么样的优势令你表现更好"，那么后者则适用于所有的人生场景，探寻"什么样的优势能让你实现美好人生"。VIA 分类包括 24 种性格优势，分属 6 种核心美德，相应的测评工具" VIA 优势问卷"（VIA Inventory of Strengths，VIA-IS）有助于人们了解自身优势（可访问 www.authentichappiness.org）[13]。

需指出，测评工具再好，也不可能精准描述一个人的优势是什么，它的作用在于给予某种信号和提示，让我们更好地去探索。下列问题提供了进一步的指引：

▶ 我的强项是什么？（哪些事情别人做起来费力，我却能轻而易举做到？）

▶ 我学什么又快又好？（哪些事情别人需要学很久，我却能很快掌握？）

▶ 我在哪些方面最为成功？

▶ 我将时间、精力投入在什么方面，可以取得最明显的成效？

和谐的热情：每天把你叫醒的力量

那么，是不是只要发挥优势就万事大吉了呢？

拿我自己来说，迅速识别一个人的特点，判断其是否适合某项工作，并给公司提供任用及管理建议，这是我很大的优势。我曾在咨询公司从事过 5 年这样的工作，帮助企业进行人才选育、盘点等。有时，遇到真正重视人才的甲方，由于可助其发掘关键员工的潜力，并使这些员工被"点燃"，我常为自己的工作感到兴奋和自豪。但有时，也会遇到视员工为资源，顺手就用、用完即弃的企业，这时我难免感到自己成了帮凶，时间一长，心力交瘁。最终，我决定再也不做这类工作了。

是否从事一项工作，以及如何从事，能否发挥优势很重要，在工作中能否找到内在的热情同样重要。

热情是心灵的太阳，每日让我们苏醒。该领域最著名的研究者罗伯特·瓦勒朗（Robert Vallerand）认为，"热情，是个人对一项自己喜爱且认为重要的活动产生的一种强烈意愿，以致愿意投入时间和精力"[14]。

可见，热情绝非一般的情感，投入过多少时间和精力，常可作为试金石。我曾不止一次听到人们谈论自己多么喜爱一件事，但仔细一问，他们却没怎么投入过。事实上，我们一不小心就会错把"想要"当成"热情"，如同声称对世界充满好奇的人，却从没出过远门。有时还会把"应该"和"热情"混为一谈，好比大谈如何喜爱恋人的一方，却很少抽出时间陪伴对方。因此，在探寻自己的热情时，首先应该问：我在什么领域、什么事上长期投入过时间和精力？

除了时间投入，还要看实质。热情含有喜爱（情感层面）和认为重要（认知层面）的意义，这意味着，它有两个可能的来源：一个是强烈的兴趣，另一个是看到某件事的意义、价值。

关于兴趣，杰出专栏作家戴维·布鲁克斯（David Brooks）曾直截了当地指出，"兴趣使才华倍增，大多数情况下它比才华更重要" [15]。其实，光是发自内心喜爱一件事本身，就能给我们带来极大快乐，更不必说当这兴趣指向工作时，将使我们充满动力，并逐步显现出高超水准了。

那么，是什么让兴趣生长为热情的呢？是持续的专一和不断的自我挑战。有些人，他们兴趣广泛，但要么注意力太易转移，对很多事浅尝辄止，要么缺乏必要的恒心，造成虎头蛇尾。对于自认有兴趣而无热情的人，积极心理学推广者卡洛琳·亚当斯·米勒（Caroline Adams Miller）建议，"考虑选择一件你有着较强兴趣的事，把它做得比平时更深入一些。有时，如果发现某件事深深扎根于心底并让心跳加速，你得让自己完全沉浸其中" [16]。而我认为，为了激发热情，在喜爱的领域，还需不断为自己设立更高的挑战目标，投入一场自我激励的游戏，每天不断问自己："还能更快一些吗，还能更好一些吗？"

　　看到一件事的意义、价值，并产生认同，这是热情的第二个来源。德鲁克在《管理的实践》中曾引用过一个故事，有人问三个石匠他们在做什么，第一个回答："我在养家糊口。"第二个边敲边答："我在做全国最好的石匠活儿。"第三个仰望天空，目光炯炯有神，说道："我在建造一座大教堂。"[17]显然，这是搬砖、职业和事业之间的区别，这个故事给我们带来两方面的启示：

　　一方面，要主动探索，"我认为哪些事极具意义、价值"。或许第一个石匠也有真正认同和热爱之事，只是尚未清晰意识到，更未投身其中，而是将自己困在了搬砖上。

　　另一方面，面对日复一日的工作，我们应更具发现的眼光，穿破表象，看见光亮，这就是前面谈到过的"工作重塑"[18]——将平淡的动作与巨大的意义联结，将普通的自己与某项事业联结，甚至感受到"Something bigger than self"（比小我更大的事情）的超越感和使命感。

　　很自然，上佳的热情来自对一件事既有兴趣，又很认同。缺少其一，则会身心耗损，失去热情，如同我当年从事人才管理咨询，哪怕自己擅长又对此很有兴趣，但多次遭遇理念不合的甲方后，对工作的意义萌生怀疑，渐渐失去认同而不再想干。相应地，我们也听过，有人很认同某事，却喜爱不起来，这时明智的做法是直接离开。

　　在发现热情的旅途中，有一组概念尤需引起重视，瓦勒朗称此为"两种热情"[14]：其一是"和谐的热情"，指自主投入某项活动，乐在其中，没有任何附加的压力或诱惑；而当我们感到不能自控，不得不参加该活动时，则意味着掉入了"强迫的热情"。两者的区别在于，个人究竟是否体会到自主性——是人选择了活动，还是活动控制了人。举个例子，快下班了，却觉得如果不再找件事儿做做，就浑身不自在；类似地，当夜不能寐，疯狂刷短视频时，我们似乎热情高涨，欲罢不能。研究表明，"和谐的热情"有利于专注和心流，带来更好的结果或绩效，并伴随着幸福状态；而"强迫的热情"则会分散工作中的注意力，并产生消极情感体验，甚至可能导致职业倦怠[19,20]。

是什么决定了我们的热情是哪种？瓦勒朗认为，关键在于个人能否将从事一项喜爱的、重要的活动的外部动机内化为内部动机[19,20]。换句话说，我们对一件事的热情，或许是天生的，或许最初源于外界影响，但终要追问自己："我究竟对这件事有什么感受，是否认为它真的重要？"

从这个意义上讲，将稻盛和夫先生"成功方程式"中的"热情"，仅从字面理解为"付出不亚于任何人的努力"，是确有偏差的。如果不问工作的意义，不管自身的兴趣，那么，这样的热情和努力，无异于"强迫的热情"，并不会给我们带来成功，也不会让我们成长和感到幸福。

在探寻自己的热情时，如下问题可给我们指引：

▶ 我真实的兴趣是什么？

▶ 我认为什么事情非常重要，极具意义和价值？

▶ 是什么给了我力量，让我充满活力？

▶ 在什么时候，我会感到那才是真正的我（自在、自主，感觉正在做注定该做的事）？

优势与热情的交汇处，是绝佳地带，也可称为"巅峰体验区"（见图3-2）。这意味着游刃有余、如鱼得水，与所做之事趋近身心合一、物我两忘。尽可能多地让自己处在"巅峰体验区"，不仅可能收获成功和人生的结果，而且可能体验到成长和美好人生的过程。

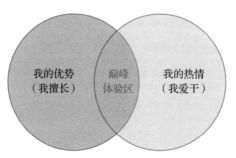

图 3-2　优势与热情交汇处的"巅峰体验区"

正向思维：心念一转，命运即变

成长与成功的方程式三要素中，最重要的是"正向思维"。"优势"和"热情"只有高低之分，思维方式却具有正负之别，可以说"如果思维方式的分值是负数，那么，人生的结果也只能是负面的"[7]。

思维方式对人的影响究竟有多大？对此，我深有体会。

前面提过，我十来岁时父母就离婚了，我曾长时间身陷其中、咀嚼伤痛。哪怕后来逐渐自强自立，但是只要一想到破碎家庭，就仍会心生自卑和畏缩，这对我待人接物的方式造成了严重的影响。好在我从未停止自我疗伤，在学习心理学的过程中，在为生活奔波和打拼的探索里，我慢慢对父母有了深层理解，并感到这段历程是生命的宝贵礼物——是它，让我拥有了超越常人的人际理解力，更让我觉醒，意识到自己可以践行"助更多人发现自我、实现自我、彼此相拥相爱"的人生使命。

心念一转，命运即变。如果可以选择，我当然愿意拥有美满的原生家庭，但遭遇挫折或不幸几乎是每一个人的必然，拥有"正向思维"，将为我们带来不同的人生。

那么，要认识和改善思维方式，关键在哪些方面呢？在我来看，莫过于：

▶ 如何看待命运（尤其在遭遇挫折时）：消极悲观 VS 积极乐观。

▶ 如何看待自己 / 他人：固定型思维 VS 成长型思维。

▶ 如何看待世界及自己所做的事：地图式思维 VS 指南针思维。

▶ 做人做事的出发点：自私任性 VS 利他共赢。

消极悲观 VS 积极乐观

"积极心理学之父"塞利格曼认为,在天分(对应"优势")和意愿(对应"热情")外,成功还有第三要素——是乐观还是悲观。乐观不但有助于成功,还是健康良方、幸福良药;而悲观则会加剧失败,更可能造成焦虑、抑郁及更多健康问题[21,22]。

是乐观还是悲观,关键在于我们对福祸的解释方式。塞利格曼认为,这包含三个维度[23]:

▶ 永久或暂时:遇到坏事,是认为坏事没完没了,不会改变,还是相信这只是一时之祸?前者易沉湎于伤痛、难以自拔,后者则能很快摆脱痛苦,重新站起来。

▶ 一般的或特定的:当在某件事上失败,是感到生活全糟透了,还是认为失败仅在这件事上?前者会对更多事感到无助,后者则可以在生活的其他方面依然继续前行。

▶ 内在或外在:面对不好的事,是过度怪罪自己,还是能看到他人和环境的影响?前者会导致自视很低,后者则不太会失去自尊和对自己的喜欢。

幸运的是,乐观可以学习。假如把不好的事件称为 A,把我们的念头(对 A 的解释)称为 B,把后果(感觉和行为)称为 C,通常人们会误认为是 A 导致了 C,但心理学家则看

到了 B 在其中的决定性影响[24]。塞利格曼在《学习乐观》
一书中提到，如果我们可以尝试记录生活中的 ABC，并学
会与不良的念头保持距离或对其加以反驳，就有可能习得
乐观[23]。

当然，过度乐观可能导致一个人无视风险，适度悲观有
助于一个人看清现实。因此，学会乐观，并非意味着盲目向
前，而是让我们拥有了更多的觉察和选择，塞利格曼将此称
为"弹性的乐观"[23]——在必要时，保持对外界真实性的敏
锐感受力，同时可以因需要而选择乐观。

固定型思维 VS 成长型思维

人，是固定不变的，还是会成长变化的？

一个人对此持何种信念，将左右其心理状态，乃至工作
和生活。该研究领域的开创者，斯坦福大学教授卡罗尔·德
韦克（Carol S. Dweck）曾说，"相信自己的才能是一成不变的
（固定型思维方式），会使你急于一遍遍地证明自己的能力，而
成长型思维方式则让人相信，每个人都可通过努力和个人经
历来改变和成长"[25]。

在企业里，我不止一次目睹这对人们的影响：固定型思
维方式的持有者，习惯性地避免挑战，守在舒适区，常将挫
折视为失败，将批评看作否定。而成长型思维方式的持有者，
则不断进行新尝试，主动迎接新挑战，面对挫折或批评，更
能持开放心态，从中学习，努力去改变局面。

成长型思维方式，同样可以学习。德韦克认为，仅仅对其有所了解，就能给人们某种觉察和方向，她建议，在通往成长型思维方式的旅程中，我们可以[25]：

> ▶ 第一步，接受：接受我们每个人都有一部分固定型思维方式的事实。

> ▶ 第二步，观察：明确是什么激发了你的固定型思维方式，它会在何时出现。

> ▶ 第三步，命名：试着把自己的固定型思维方式当作人，给他起个名字，去描述他的特点，看见激发他的诱因和他造成的影响。

> ▶ 第四步，教育：慢慢教他用不同方式想问题，带他一起踏上通往成长型思维方式的旅程。

要想习得成长型思维方式，有效的策略不是与固定型思维方式对抗，而是将他与自己分开看，将其看作形影不离的小人儿，在和解中与他成为朋友，并逐步引导他迈向成长型思维方式。下面这些有助于习得成长型思维方式可以问自己的问题也供大家参考：

> ▶ 我今天有哪些成长的机会？

> ▶ 如果将挫折、失误乃至失败视作礼物的话，我可以从中学到什么？

> ▶ 我打算在何时、何地、用什么方式开始行动？

地图式思维 VS 指南针思维

我们能否精准预测未来？踏上一条路前，有没有办法完全看清这条路的样子？

随着环境越来越不确定，答案不言自明——不能。然而，现实中，很多人依然反复收集信息、来回论证，试图描绘出精准地图再往前走。更有极端者，甚至"没有地图，就坚决不上路"。

面对着不确定性前行，真正有效的办法，不是预测未来，而是探索现实。决策研究方面的专家希思兄弟认为，关键在于"尝试"：以小投入进行小试验，测试假设，敏捷迭代。这意味着，我们要做的，既非没完没了地论证准备，也非一头扎入深渊，而是学会通过试水来摸索。[26]

指南针思维者并非不要地图，而是不执着于一幅精准但静止的地图。在黑暗森林中行走，他们手持指南针，以"尝试—获得反馈—修正再尝试"的行动作为画笔，不断绘制出不精准但方向正确的动态地图，进而将自己带向光明。

自私任性 VS 利他共赢

利他共赢为我们的传统文化所鼓励，心理学家也认为，人与人的联结是人的基本心理需求[27]，且帮助他人会令人感觉良好[21]。从现实角度看，我们生活在彼此关联日趋频繁、紧密的世界，一个人要想成事，必须考虑：我究竟能为他人带去什么价值，能给这个世界做出什么贡献。相反，没有人愿意和自私任性的人共事，更严重的是，与其共事会令自己深感疲惫、陷入狭隘。

当然，一定有人能举出反例，但我认为，究竟要不要利他共赢，相比理性分析，这更是个人的一种价值选择和信仰。

04 以开放之心，重新看见"我是谁"

"自我"由优势、热情、思维方式等丰富要素构成，可如何做才能更好地认识自己呢？

很多人选择用专业问卷，例如前面提到过的"优势识别器""VIA优势问卷"。这些工具虽然提供了有价值的信息和提示，却无法直接且完整地回答"我是谁"。

事实上，不管以何种方式认识自己，本质上都是通过两双眼睛——自己的眼睛和他人的眼睛来认识自己。同时，除了当下的判断和体验，我们还有两条途径——从过去和未来里发现自己。

乔哈里窗：用两双眼睛看自己

心理学家乔瑟夫·勒夫特（Joseph Luft）和哈里·英厄姆（Harry Ingham）在20世纪50年代提出了著名的乔哈里窗（Johari Window）[28]，此后该模型被广泛用于自我认知、人际沟通、组织管理等领域。

乔哈里窗将每个人的自我，根据自己知不知道、他人知不知道分为四个部分：开放区、盲区、隐藏区和未知区（见图 3-3）。

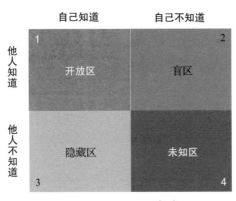

图 3-3　乔哈里窗 [28]

四个区域的含义分别是：

► 开放区，指那些自己和他人都知道的行为和动机。

► 盲区，指他人可以看到，但我们自己却没有意识到的事情。

► 隐藏区，指我们自己知道，但未透露给他人的事情。

► 未知区，指自己和他人都不知道的某些行为和动机。

很明显，如果想要更好地了解自己，一个人需要使开放区和隐藏区尽可能大，尤其是开放区，因为当身处其中时，我们可以更自在、真实地做自己，同时也能去感知真实的对方。

下面介绍如何借助乔哈里窗来认识自己。

初步自省

初步自省是认识自己的基础。首先，在纸上迅速写下对自己的基本认识，包括"我有哪些优势""我对什么事情感兴趣""我认为哪些事情非常有价值和意义""面对挫折，我常常是乐观还是悲观"等，当然，也可备好一些基础资料，比如家乡、专业等。

寻求反馈

先把初步自省中写下的信息（简称自省信息）暂放一旁，主动询问他人的反馈，例如，"在你看来，我有哪些优势?"除了言语，对方的表情、行为反应也是重要的反馈信息。多问、多观察，有助于你缩小盲区，扩大开放区。之后还可以与自省信息对比，不一致处更具有特殊意义。

你可以试试在亲朋好友中做个小调查："请用三个词说一下你眼中的我。"

我真的做过这个调查，反馈最多的三个词是：人才专家、心怀梦想、极度认真。

认真就好了吧，还极度认真。这出乎我的意料，于是我开始主动寻求更多反馈。几乎所有同事或曾经的上级都表示：对于交到我手上的工作，他们从不担心，因为我的完成质量总是超出他们的期待，当然，极度认真会使我灵活性不足，还可能影响效率。听了这些反馈，我会有意识提醒自己待人处事要有弹性，同时不让自己如八爪鱼般同时忙很多事情，而是专注于少量高价值工作。

另外，如果你对所处环境有基本信任，还应多张口、多说话。适当的自我表露，会让隐藏区缩小，开放区扩大，能增进自己和对方的相互了解及信任，也会进一步鼓励对方提供更多反馈。

在寻求和接受反馈时，首先要让自己抱有空杯心态，切忌对方才说两句，你就急于解释，这样很难得到高质量的反馈。用心倾听，然后真诚感激就好，如果确有必要，再与对方做些探讨。要想进入这样的状态，除了有意识地进行自我提醒外，平时的正念冥想练习也会带来帮助。

说到反馈对象，如果你确保自己心态始终开放，头脑一直清醒，不妨如 360 度评估那样，听取尽量多的人的反馈。如果要对反馈对象有所选择，可参考如下三个标准：

▶ 反馈者对你要足够熟悉和了解。

▶ 反馈者本人说话做事通常比较客观、真诚。

▶ 反馈者愿意向你表达。

在过去和未来的路上，发现未知的自己

"我"，来自过去，也在对未来的想象中生成，因而，回望过去或构想未来，能帮助我们发现未知的自己。

在职业咨询中，为了帮助来访者探索自己，我会带领其开展一项名为"生命线"的活动，这也常被我用在公司团队

建设中，促进大家彼此理解。

回望过去

我们先来看如何通过回望过去更好地读懂自己。

1. 首先，找一个安静、不受打扰的空间，可以放上自己喜欢的舒缓的音乐。

2. 在 A4 纸上从左到右画出一条带箭头的线条，在线条左侧写上"0"这个数字，表示生命的起点，在右侧箭头旁边，写上自己预计的寿命，可以写 78，也可以写 120。这条有始有终、有方向的线条，就代表我们的"生命线"。

3. 在线上找到当下所在的那个点，例如，你预计能活 120 岁，而目前 40 岁，那就在整条线 1/3 处标记，表示当下。

4. 当下所在的点的左侧，代表你已走过的岁月。请静下心好好回想，把对你有重大影响的事件分别用圆点标记出来，如果是正向事件（巅峰时刻），就请写在生命线上方；如果是负向事件（至暗时刻），就请写在生命线下方。边写边感受，同时看看这些重大事件是处于线上的多还是线下的多。

5. 可以找你信赖的人，问问他们，从这些重大事件中能看见怎样的你。

6. 进行更深度的自省，去看看自己是如何走到今天的，有哪些优势、和谐的热情和正向思维，当然也要看到自己的不足。

以我自己为例，可画出如图 3-4 所示的"生命线"。在绘制过程中，我最常问自己的是：

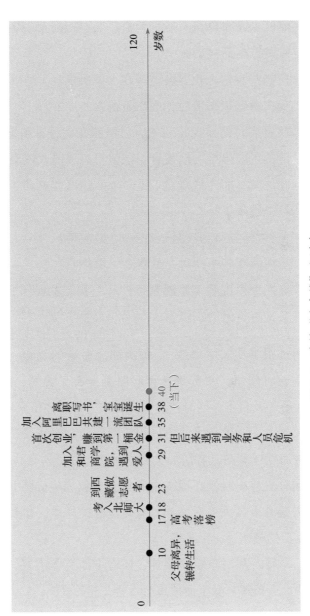

图 3-4　我的"生命线"之过去

▶ 巅峰时刻（即曾经"最好的自己"，建议以此为主题，反复书写生命故事）：

- 在哪些时刻，我感到最美好、最快乐？

- 我在做哪些事情时，最如鱼得水？

- 在巅峰时刻，我看到了自己的哪些优势、和谐的热情、正向思维，以及有哪些值得感恩的人或事？

▶ 至暗时刻（即"最难的自己"，不管再怎么难，自己竟然走过来了）：

- 在哪些时刻，我感到最伤痛、最灰暗？

- 我在做哪些事情时，最费劲、最郁闷？

- 能换个角度看至暗时刻吗，从中我能发现什么有意义、有价值的东西？

我画过很多次"生命线"，每次都会有新的领悟。事实上，在很长时间里，我都难从至暗时刻中看见美好。然而，伴随生活历练及自省，同时在恩师、爱人等的理解和棒喝（高价值的反馈）下，我开始学会以新的视角和心态来看待至暗时刻，进而发现藏在其背后的礼物。例如，我所具有的识人、懂人的优势，与小时候在地摊上和城管叔叔周旋分不开，也与父母离婚有直接关系；又如，我对正念的体验，最初源自高考落榜后的顿悟。

除了巅峰时刻与至暗时刻外，还有下面五个主题，是我在自助或助人理解自身生命故事时常会关注的[29]：

▶ 角色榜样。

▶ 最喜欢的杂志、电视节目或网站。

▶ 最喜爱的书、故事。

▶ 最喜欢的座右铭。

▶ 早期回忆。

构想未来

人，不仅被过往影响，还可用心中的未来定义自己。

杯子一旦被做成，就别无选择地只能是一个杯子。但一个人，却无固定的本质，永远具有新的可能性。在传统心理咨询中，我们常看到，咨询师带着来访者不断进行人生考古；在职业选择问题上，也常见人们反复回忆过去，试图找到那个"真实的自我"。不可否认这样做的价值，但过度迷恋挖掘过去，会使我们忘记面向未来，从而忽视探索新的自己。

事实上，所谓的"自我"不止一个，这些自我不仅根植于过去，而且存在于未来，在斯坦福大学心理学家黑泽尔·马库斯（Hazel Markus）的研究中，他将此称为"可能的自我"[30]：在内心世界里，有些样子是我们渴望成为的，有些是预期或应该成为的，还有些则是不愿（或担心）成为的。"可能的自我"会促使我们朝着理想的样子转变，同时避免活成自己讨厌的模样。

因而，在画"生命线"时，还可以：

　　1. 想象自己未来渴望成为的样子，同时问自己，有哪些想要做的事，并尽量注明时间。视这些事带给你的快乐、期待程度，标在线上方的不同位置，如果某件事是你的最爱，那么请把它圈出来。

　　2. 未来，当然也有困难或挫折，把你能想到的写在线下方，同时圈出那些难以避免的，比如异地工作、被裁员、退休、孩子长大离家等。

　　3. 仔细看看自己的生命线，你能从中得出什么新的启示。

　　谈到"可能的自我"，不妨大胆一些。仅看过往，难免有人觉得走过的路很平淡，没什么巅峰或至暗时刻，以致很难搞懂自己的优势、热情。而勇敢畅想并行动，能解决人们的这一困惑。

　　相比单纯自省，如果我们能从习惯的活法中跳出来，拥抱一些新的体验（进入新的场合、接触陌生人、尝试新鲜事物[31]等），或许会发现自己不为人知的一面。

　　拿我来说，2014 年的创业让我第一次体验到"心如自由落体"的刺激，更让我看见自己不只是咨询专家，也可成为一名业务能手。生活上的新尝试也能帮助我们发现自己，比如蜜月旅行，我和新婚妻子一起否掉了海边沙滩的悠闲度假，选择了滇藏交界的雨崩村徒步，这番尝试让我挖掘出自己和爱人勇闯天涯的一面。

　　畅想心中未来，然后马上行动，越是敢于广泛尝试，就越容易发现自己擅长什么，并遇到真正感兴趣的东西。以未来之眼，推动今天的自己，勇敢尝试，再尝试，这将令我们发现未知的自己。

05 行动指南：
"认识自己"的每日功课

要走出纠结、迷茫和内卷，我们需要首先打破条条框框，不再当做题家，而是以真诚、无条件积极关注和共情理解拥抱独特的自己。

我们要意识到自我是多层次、丰富的，知识、技能随需而学，最关键的是不断发现、发挥自己的优势与和谐的热情，并培养正向思维。

为了认识自己，我们可以借助自己和他人的两双眼睛，经常看看我们自己走过的路，同时主动构想未来。

认识自己不是一次的事，而是一生的路，图 3-5 从行动指南的角度，给出了供参考的每日功课。

人生究竟是靠做题、找标准答案、超越他人，还是遵从自己的热情与天赋，相信"追求卓越，成功就会出其不意地找上门"，这是一个重要的问题。《三傻大闹宝莱坞》——我最喜欢的一部影片，对此做出了生动的回答。

三个大学好友，一个总拿第一，两个常常垫底，这是为什么？剧中法汉、拉朱也有同样疑问。

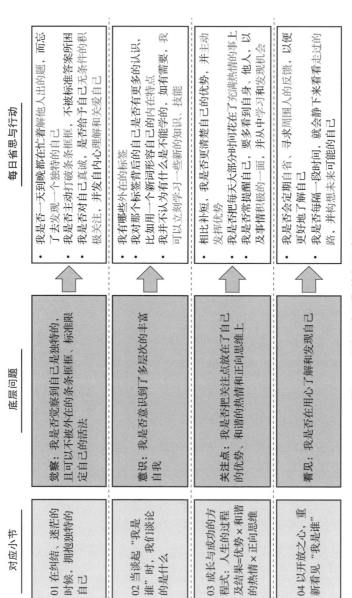

图 3-5　"认识自己"的每日功课

对应小节

01 在纠结、迷茫的时候，拥抱独特的自己

02 当谈起"我是谁"时，我们谈论的是什么

03 成长与成功的方程式：人生的过程及其结果=优势×和谐的热情×正向思维

04 以开放之心，重新看见"我是谁"

底层问题

觉察：我是否觉察到自己是独特的，且可以不被外在的条条框框、标准框限定自己的活法

意识：我是否意识到了多层次的丰富自我

关注点：我是否把关注点放在了自己的优势，和谐的热情和正向思维上

看见：我是否在用心了解和发现自己

每日省思与行动

- 我是否一天到晚都在忙着了解他人出的题，而忘了去发现一个独特的自己
- 我是否主动打破条条框框，不被标准答案所困
- 我是否对自己真诚，是否给予自己无条件的积极关注，并发自内心理解和关爱自己

- 我有哪些外在的标签
- 我对那个新标签背后的自己是否有更多的认识，比如用一个新词形容自己的内在特点
- 我并不认为有什么是不能学的，如有需要，我可以立刻学习一些新的知识、技能

- 相比补短，我是否更看清了自己的优势，并主动发挥优势
- 我是否把每天大部分时间花在了充满热情的事上
- 我是否常提醒自己，要多看到自身、他人，以及事情积极的一面，并从中学习和发现机会

- 我是否会定期自省，寻求周围人的反馈，以便更好地了解自己
- 我是否每隔一段时间，就会静下来看看走过的路，并构想未来可能的自己

　　兰彻对法汉的回答是："我之所以是第一，是因为工程学就是我的生命。而假如迈克尔·杰克逊的爸爸硬逼杰克逊成为拳击手，拳王阿里的父亲非要阿里去唱歌，想想是什么灾难？你赶紧跟工程学说拜拜，与自己喜爱的摄影'结婚'吧。"

　　拉朱则常活在对明天的忧虑中，考试、工作、姐姐的嫁妆，都令他无法专注于今天。

　　剧中有个口头禅" All is well"，说的是我们的心常需要安抚、鼓励，生活总会遭受冲击，而有时这令人觉醒。当法汉鼓起勇气与父亲沟通，要去做一名野生动物摄影师时，当拉朱在面试官给出的诱惑面前坦然露出笑容，说"我摔断了两条腿，才让我真正站起"时，我们就知道，忠于自己的内心多么可贵，没有什么值得我们出卖自己。

　　究竟是被走过的路困住，还是独辟自己的蹊径？事实上，生活给我们出了很多题，而最重要的那道，正是"认识自己"。如果非要当做题家，就做这道题吧。一直在人潮人海中追寻的我们，总有一天会发现，我们追寻的不是其他，正是自己。

　　"就这一次，让我听从我的心吧。"

认识环境

抬头看天，主动选择人生的赛道

认识自己，有助于活出意义和力量，但若要创造更大价值、获得发展，我们还应认识环境。

大学毕业后，昇畅的第一家工作单位是外企咨询机构。她埋头苦干、渴望成长，却长期干着审发票、核证件的事，直到有一天抬头看天时，她才意识到，在这里不仅很难找到自己的钟爱，而且早已过了那个外企吃香的年代。于是她纵身一跃，进入新的赛道，命运随之转变。

抬头看天、认识环境的最大意义在于，它能够帮助我们做好选择，从而走得更快且更远。

毕业10年，我们的命运为何如此不同

一个月来，小李时而闷闷不乐，时而若有所思。上个月，他回到母校参加毕业10周年聚会，同学们的生活境遇、职业状况千差万别，甚至可以说天差地别。

10 年前，大家走出大学校门，奔赴各行各业。临行前，大家憧憬未来、举杯欢送："小李要去 A 公司做白领，小宋想去投资机构，小马打算一边旅游一边开网店，我们都有光明的前途。"

10 年后相聚，小李觉得自己仍然只是一个普通白领，似乎顶着公司城市总经理的头衔，但每天焦头烂额，看不清未来的道路。同学们的不同境遇，让他感到所谓"光明的前途"与每个人的选择息息相关。选择影响眼界，眼界又决定新的选择，进而改变命运。

先说小宋，他毕业时想去投资机构，这在小李看来太虚。小宋的工作经历也确实跌宕起伏，他给领导拎了近一年包，才得到找资料、整理 Excel 表的机会。他隐约察觉，扎实的行业研究将越来越被业界重视，于是百般珍惜这一机会，脏活儿累活儿全包。后来，他又敏锐意识到新能源汽车是趋势，但他没急着去跟风，而是到了一家打算开发新能源汽车的龙头车厂从事行业研究工作。接下来三年，他不是钻进车间跟师傅们聊零配件、汽车制造，就是跑到各地调研新技术，夜里则埋头看研报。如今，小宋已是国内新能源汽车领域最权威的行业分析师之一。

还有小马，当初数她的打算最不靠谱，本科毕业不上班，背个包走南闯北，一边旅行，一边淘货开网店。让人没想到的是，她正好踩上了电商全民化的风口，两三年下来，已是小有名气的卖家。卖货之余，她意识到一个全新的时代已敞开大门，除了赚钱，她更想成为创造浪潮的一分子。凭借这份热情和实操经验，她加入了一家互联网公司，参与到了移动互联时代的电商运营中。

这些故事还让小李想起了高中同学小丁。小丁念书不行，没考进大学，但从新闻联播中听到南方有很多机会，于是跑去南方打工。他很能吃苦，从外包员工做起，起早贪黑、走街串巷，一年后被公司纳为了正式工，几年后又被提拔为区域经理。再后来，小丁和几个朋友合伙做生意，办起了自己的公司。

转过头再看自己，小李心生焦虑。当年进入这家全球有名的建材集团做管培生，前几年在房地产行业火热时自己不断晋升，做到了城市总经理的职位。但自2020年以来，行业冰冻，出货量锐减，光跑业务已心力交瘁，更别提还有做预算、盯报表、协调上下游和园区关系这些杂事。累是其次，关键前方可能是断头路，从形势看，集团大概率会撤掉这个城市公司。有时小李会想，这个"总"有什么用呢，要是当初进入某某行业，或是早一些果断转型，如今也许是不同境遇。

小李和同学间境遇的不同，很大程度上是由于他们选择了不同的赛道。

在VC（风险投资）和PE（私募股权投资）界，投资人常用"赛道"来描述一个行业或领域。方向不对，努力白费，赛道一旦选错，奔跑得越快，就越是容易跌入悬崖。因此，当考虑是否要投资一家公司时，对赛道的分析和选择是关键的决策要素。

事实上，赛道思维不光适用于 VC/PE，也适用于任何人——谁又不是自己的投资人呢？我们将时间、精力，将自己的头脑、情感，乃至生命投入于一项工作、职业或事业中，每一天为具体的任务辛劳，蓦然回首，过去 10 年造就了怎样一个自己，并收获了哪些物质或精神回报。视己为人，意味着我们必须将人生赛道选择这个问题，置于战略性地位。

如此说来，赛道当然不只是行业，一个人所选择的岗位、公司，乃至生活的城市，无不是人生的赛道。赛道真的不只影响职业发展，甚至还会影响人生命运。网上流传着一个段子，说的是，如果有人 20 年前从事外贸，15 年前开始买入北上广深的房子，10 年前进入移动互联网行业，那么他很难不是人生赢家。

02 带着"点线面体"的思维方式，登上那趟持续向上的电梯

有个段子是这样的：三人坐电梯到顶楼，电梯里，一人在原地跑步，一人在做俯卧撑，一人始终在看书。到了顶楼，有人问他们："你们是如何到顶楼的？"一个说，我是跑上来的；另一个说，我是做俯卧撑上来的；还有一个说，我是靠看书上来的。

说到这儿，你肯定笑了。他们仨的确都很努力，但无论做了什么，之所以能到顶楼，关键在于登上了这趟向上的电梯。这当然不是说努力没用，而是说选择正确的环境、赛道，

会带来不可忽视的影响。

对个人而言，从事的岗位、加入的公司，就是这趟电梯；

对公司而言，进入的行业、城市／区域，就是这趟电梯；

对行业而言，身处的时代、国家，就是这趟电梯。

谈到职业发展乃至人生，种种力量又都将层层作用于每个人。如果将个人的努力看作"点"，那么，岗位与公司就是"线"，行业与城市／区域就是"面"，时代与国家那就是"体"。

抬头看天，才有出路，"点"的天是"线"，"线"的天是"面"，"面"的天是"体"。"点线面体"，维度依次升高，影响力依次增强。这意味着，我们选择赛道时，要意识到越涉及高维层面，越需要重视，例如进入什么行业或在哪个城市定居，比干什么岗位更能影响到一个人的长期职业发展。同时，每当在某一层面遇到困境时，要主动把视野打开，去升维思考，看到更大的格局（见图4-1）。

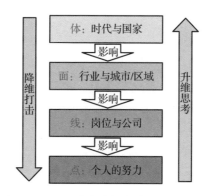

图4-1　职业／人生选择中的点线面体关系

岗位与公司：能持续创造更大价值的，就是有前途的

我们从个人的努力（点）往上先看一层，如何判断哪种岗位有发展，哪家公司值得进呢？

答案是，看"价值创造"。创造的价值多且持久，发展就好；创造的价值少或短暂，发展就有限，这是天经地义。

岗位

某种类型的工作究竟能干多久，是个重要问题。职场上的最大惨剧莫过于，人到中年，却发现多年的经验不再被需要。事实上，任何岗位都有赛道长短。

这首先体现在岗位的产生和消失上，比如高速公路收费员，随着电子不停车收费（ETC）等信息技术的推广应用，这个岗在未来必将越来越不受到重视。再如，随着人工智能（AI）等技术的兴起，必定有很多岗位消失，当然也会产生一大批新的岗位，比如数据挖掘专家。

赛道的长短，还体现在岗位人员的紧缺或过剩上。比如移动互联网方兴未艾时，各公司跑马圈地，纷纷进入细分场景，这意味着极大的程序开发量，因而程序员很紧缺，且待遇水涨船高。但这一两年，新技术尚待突破，而原有的东西该建的也都建得差不多了，剩下的更多是运营、维护工作，于是对于程序员岗位，不仅招聘量下降了，甚至有的公司还在裁员。

说到这，大家会发现，要判断岗位的产生和消失、紧缺

或过剩，光看岗位本身很难判断，因为这取决于行业和大环境，这再一次印证了"点线面体"降维打击、升维思考的作用。

当然，岗位的赛道长短也跟岗位特征有关。有的岗位吃的是典型的青春饭，比如程序员，尽管工资挺多，但说实话，这些年下来，我很少见到 45 岁以上还在写代码的程序员了，且每当有新技术、新代码语言问世，他们就得持续学习更新自己。而有的岗位是开始不赚钱，却越老越吃香，比如教师、医生、心理咨询师，能力和经验的积累形成了复利效应。

对岗位赛道长短的判断，有助于我们做好最初选择，还有助于我们在途中及时做出调整。还是拿程序员举例，如果个人很有预见性，便可早早构筑自身岗位赛道的第二曲线，比如，一边做着程序员，一边主动承担一些管理职责，逐步转型为管理者，或者在写代码之余，梳理总结自己的心得体会，为成为培训师、咨询师等而努力。

要想判断哪种岗位有发展，除了看岗位赛道长短，当然还要看岗位创造的价值有多少。哈佛商学院教授迈克尔·波特（Michael E.Porter）在《竞争优势》中提出了"价值链"这个重要概念。他认为每个企业都是设计、生产、营销、交付和支持产品或服务等环节的一系列活动的集合，这些环节叠加在企业的产品／服务上，形成了整体的客户价值[1]（见图 4-2）。

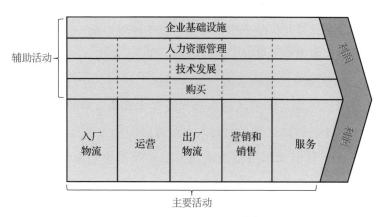

图 4-2　企业的价值链[1]

　　显然，若能搞清楚企业在创造价值的过程中，哪个环节的贡献大，或哪个环节更不可或缺，自然就清楚了什么岗位有"前途"。

　　先说个一般规律，通常"主要活动"比"辅助活动"更重要，主要活动对应的岗位也更有发展空间。前者被称为"做业务的"，对企业发展的作用更直接；后者被称为职能或中后台。

　　当然，这个所谓的一般规律只可作为参考，事实上，不同企业中名称相同的岗位差别巨大，其重要原因在于，驱动各企业成长的核心环节不同。例如，一个以大中型企业为客户的软件公司，其业绩好坏的关键是能否拿到客户订单，能否搞懂客户的难题并开发出相应的软件系统，于是我们不难发现，大客户销售岗、解决方案岗、开发岗是其核心岗位。再如，一家面向大众的快速消费品企业的核心环节是，持续基于消费者的偏好，开发和管理产品及品牌，同时将其营销出去，所以这家公司的核心岗位很可能是品牌管理岗、市场营销岗。

正因如此，不能说辅助活动对应的岗位就不重要。比如在高科技企业，驱动其成长的根本在于创新，而创新的源头在于人才，因此这类企业的人力资源岗往往也很重要。再如，技术发展看似被归为辅助活动，但对技术驱动型企业来说，相应岗位必定重要。

价值链分析虽准，却伤脑筋。为了解岗位的重要性，有人简单直接地到招聘网站上查该岗位的薪酬水平，但这难免受到其他因素的干扰。在此，我分享一个小办法，用以判断某类岗位在具体公司是否有发展：看公司决策班子成员中，有没有这类岗位的领头人。如果某类岗位中不存在副总裁、高级副总裁这样的角色，那就难说重要了。背后道理是，企业的经营和发展离不开决策，若某类岗位在该公司足够重要，其领头人怎么可能不参与到决策活动中？

公司

看公司，同样先看寿命长短和所处阶段，毕竟你不想刚加入一家公司，没多久它就倒了吧？就算不怕它倒，也要看清加入的价值。

这涉及一个重要概念——"企业生命周期"。著名管理学家伊查克·爱迪思（Ichak Adizes）认为企业在发展过程中，可能经历十个阶段[2]。对职业选择来说，为便于理解分析，我们可将其合并为四个大的阶段（见图 4-3 ）。

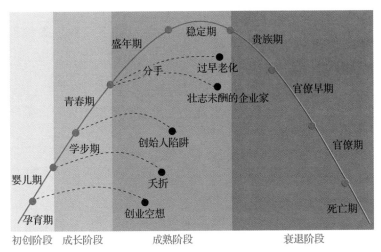

图 4-3　企业生命周期[2]

当考虑加入一家公司时，判断其处于哪个阶段是很重要的：

▶ 初创阶段：如果你已有能力、经验和财力上的积累，
且想参与开拓一项新事业，那么可考虑加入处于这一
阶段的公司。在其中工作的风险当然极大，且累人累
心，但一旦干成了，收益也巨大，同时可以使自己之
前所获的能力和经验得到锻炼，还有助于今后开创自
己的事业。

▶ 成长阶段：处于这一阶段的公司可谓职业人的最佳选
择，公司业务快速成长，且依然有很多新的可能性，
员工既不担心朝不保夕，又可随公司一起成长。个人

唯一需要付出的，就是超量的时间、精力，以及不断拥抱变化所耗的心力。

▶ **成熟阶段**：处于这一阶段的公司业务成熟、架构稳定，且大多很有知名度。对个人来说，在其中也可过上相对稳定的日子，代价是较难有快速的成长。

▶ **衰退阶段**：当然不要加入处于这一阶段的公司，除非你有特别的考虑。

接下来谈谈价值，也就是常说的"这是不是一家好公司"，有没有"前途"。

同样可用"价值链分析"的思路来看公司。从行业视角看，为终端用户提供产品或服务，也涉及一系列活动。大部分公司选择专业化路线，也就是承担链条中某个环节。因而，要判断一家公司有没有前途，就看它在这个环节究竟创造了多大价值，有多不可或缺。

最牛的公司通常可以分为三类：第一类公司掌握了某个关键环节，拥有品牌、技术或产能优势，可谓"链主"，其他公司围绕它开展业务；第二类公司是一体化全链条的，产品或服务的所有环节都做，而且还做得不错；第三类公司是平台型的，为各个小玩家提供平台，甚至创造了一个生态，例如社交平台、电商平台、短视频平台等。

对职业选择来说，"价值创造"是个很好的思考原点，因为无论岗位还是公司，都只是一系列活动的组合，如果这些活动能创造价值，那么该岗位或公司就有前途，反之就没有。

因而，作为职业人，我们与其关注岗位和公司，不如关注"我所在岗位或公司的核心价值是什么，要创造这一价值，需要什么能力"，抓住这个基本点，不仅有助于我们进行职业选择，而且有如下两个好处：

▶ 每天忙什么，以价值说话，无论绩效考核，还是晋升、跳槽，都很容易讲清楚。

▶ 积累的能力和经验，是可迁移、能带走的，因而使自己对变化有更大的适应性。

要做到这些，前提是判断"我所在岗位或公司的核心价值是什么"。但相信你已意识到，仅看岗位或公司本身，很难完整回答这个问题。要想找到答案，需升维到行业层面。

行业与城市 / 区域：选好奋斗、扎根的地方

老话说，"男怕入错行"，事实上，无论男女，谁都怕入错行。

先看一组数据[3]（见图 4-4），2020 年全国城镇非私营单位就业人员年平均工资为 9.74 万元，在 19 个行业中排名前三的是信息传输、软件和信息技术服务业（17.75 万元），科学研究和技术服务业（13.99 万元），金融业（13.34 万元），分别是全国平均水平的 1.82、1.44 和 1.37 倍。排名垫底的三个行业则分别只有全国平均水平的 49.8%、50.1%、62.4%。对于城镇私营单位，行业排名情况与非私营单位的数据大致吻合，但分化程度稍轻。

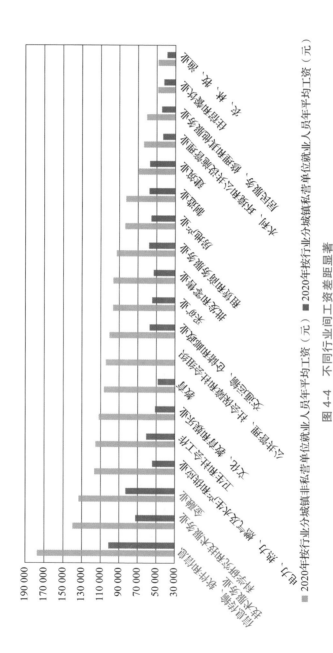

图 4-4　不同行业间工资差距显著

■ 2020年按行业分城镇非私营单位就业人员年平均工资（元）　■ 2020年按行业分城镇私营单位就业人员年平均工资（元）

数据来源：中国统计年鉴 [3]

不同行业间的工资差距为何如此大？

这首先取决于在不同行业的生产、服务过程中，"个人"这一因素究竟起多大作用，以及是否容易替代。举个例子，信息行业中的顶级程序员写出的产品程序，可以服务数百万乃至上亿用户，但餐饮业中的一个服务员再优秀，一次也就只能端几盘菜。当然了，最顶级的农民也能通过培育杂交水稻，帮助解决数亿乃至更多人的吃饭问题。

"个人"因素的重要性，与行业特点密切相关，且从根本上说，员工的工资收入还受到行业收益率的影响，毕竟行业收益率高，公司赚了钱才可能给员工更高工资。需注意的是，看待行业收益率，不应只看眼前，还要看对未来的预期，例如，20 年前，互联网行业几乎没有一家公司盈利，但其对人们生产生活方式的革命性影响令投资人相信，它的未来有巨大的想象空间，因而大量资本涌入。就算公司会死，但行业长存，一个人加入的不是某家公司，而是一个行业。

行业长存，那么，能存多久呢？还有，那些所谓成长快、很赚钱的行业，是一直如此吗，换句话说，行业之王侯将相，宁有种乎？

在伯克希尔 – 哈撒韦公司 2021 年年会上，股神巴菲特展示了两张表，呈现了过去 32 年全球上市公司市值前 20 的变迁[4]（见表 4-1）。从行业看，1989 年上榜公司中，最多的是金融行业的公司，达到了 7 家（含 6 家银行），其次是制造业、石化、电力、钢铁等行业的公司。而到了 2021 年，榜单大部分已被 IT 相关的高科技企业所占据，即便其他行业的公司，如特斯拉、VISA 等，在其业务属性中，"IT 相关"也居关键地位。

表 4-1 过去 32 年全球上市公司市值前 20 的变迁[4]

1989 年		
公司	市值 （亿美元）	行业 （本书作者注）
日本兴业银行	1 040	金融 – 银行业
三井住友银行	730	金融 – 银行业
富士银行	690	金融 – 银行业
第一劝业银行	640	金融 – 银行业
埃克森	630	石化
通用电气	580	制造业
东京电力	560	电力
IBM	550	IT 相关 – 信息技术
丰田汽车	530	汽车
美国电话电报	480	IT 相关 – 电信业
野村证券	460	金融 – 证券
荷兰皇家石油	410	石化
菲利普莫里斯	380	烟草
新日本制铁	360	钢铁
日本东海银行	350	金融 – 银行业
三井银行	340	金融 – 银行业
松下	330	制造业
关西电力	330	电力
日立	320	制造业
默克	300	医药医疗

（续）

2021 年 3 月 31 日		
公司	市值 （亿美元）	行业 （本书作者注）
苹果	20 500	IT 相关 – 电子科技产品
沙特阿美	19 200	石化
微软	17 800	IT 相关 – 计算机科技
亚马逊	15 600	IT 相关 – 互联网服务和零售
ALPHABET	13 900	IT 相关 – 互联网服务和零售
FACEBOOK	8 380	IT 相关 – 互联网服务和零售
腾讯	7 520	IT 相关 – 互联网服务和零售
特斯拉	6 410	新能源汽车
阿里巴巴	6 140	IT 相关 – 互联网服务和零售
伯克希尔 – 哈撒韦	5 870	金融 – 保险业
台积电	5 340	IT 相关 – 半导体
VISA	4 670	金融 – 金融科技
摩根大通	4 640	金融 – 银行业
强生	4 320	医药医疗
三星电子	4 300	IT 相关 – 电子、电气设备
贵州茅台	3 850	食品饮料
沃尔玛	3 820	商业连锁
万事达卡	3 530	金融 – 金融科技
联合健康	3 510	金融 – 保险业
LVMH	3 360	奢侈品

　　如果再往前追溯 30 年，去看 1960 年左右的大企业榜单，会发现当时前 10 名中的企业绝大多数不是来自汽车行业就是来自石油行业。

　　由此可粗略感知，每一个行业都有兴盛与衰落，如果你十几年前入行 IT 科技业，便可坐享行业上行电梯的红利。反之，如果不巧加入了衰落中的行业，则犹如坐了下行电梯。

举个反面的极端例子，假如有人现在还使劲研究 BP 机，并寄望以此创业或找工作，你肯定会觉得这"不靠谱"。

除了行业，城市／区域也很重要。到什么地方定居、奋斗，受很多因素的影响，但若仅看发展潜力，不同地方的差异很大。

需意识到，城市／区域间的优势行业有所不同。有的行业工作机会只存在于特定城市：例如，互联网行业的绝大部分工作机会都在北京、上海、杭州、深圳、广州、成都等少数几个城市；再如，稀土作为极其重要的战略资源，相关产业主要集中在南方的赣州和北方的包头等地，这一产业的大部分工作机会自然分布在这几个地方。

考虑到 18 ～ 25 岁是一个人价值观探索、生活方式形成、人际关系建立的关键时期，同时很多人常会考虑在读大学的城市就业，因而城市／区域对一个人的影响，早在选择大学所在地时就开始了。

说到城市／区域的选择，很长时间里，北上广深是人们普遍追逐的地方。而过去几年，正在兴起的新一线城市成了年轻人奔赴的热土，例如杭州、成都等。但也有人遗憾没有尽早迁居，以致在这些热土上也开始"卷"了起来。那么，明智者要思考的是，什么地方是正崛起的"下一个杭州"？

此外，越来越多的人正在返回自己的家乡，或将新技术、新模式带回故土，或将家乡的好东西售向全国乃至海外，在此过程中，他们不仅助力了乡村振兴，而且实现了自我价值。

可以说，北上广深依然灿烂，却不再是唯一选择，是时候冷静下来想想属于自己的奋斗之地了。

时代与国家：请用好你的"卵巢彩票"

要判断哪个行业和城市 / 区域更具发展机会，就要继续升维到时代与国家的层面。让我们先从历史大视角看看自己正处在怎样一个时代。

工业革命是人类历史上的一个里程碑，更早之前不再赘言。在此之后，一次次浪潮席卷社会，人类走过了蒸汽时代、电气时代、信息时代，如今正站在智能时代的门边。那么，浪潮是何以产生的呢？

答案是某种革命性技术的出现，创生了新的产业 / 行业，进而影响整个社会。长期实践于高科技产业的吴军博士在《智能时代》中写道，"新技术＋原有产业＝新产业"，并提到蒸汽机、电、计算机处理器分别在蒸汽时代、电气时代、信息时代的核心地位[5]。类似的思考方式还可细分，比如在信息时代，PC 互联网的诞生带来了门户、搜索、社交、电商的繁荣，而移动互联网的出现则使得本地生活服务、移动支付、共享经济等业态成为可能。

放眼未来，吴军认为，大数据、机器智能将可能引爆智能时代[5]。而产业界也已形成共识，"数字化一切"是正在发生的未来。当然，预言时代的演进历来是高难度工作，且非本书主旨。在此，我们提供的更多是一种思考视角：职业选择看行业，而要想判断行业趋势，则应回到时代背景中（见图 4-5）。

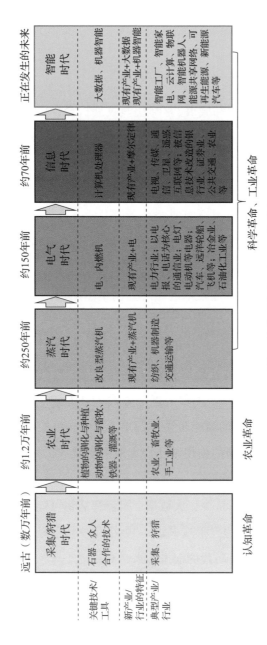

图 4-5　不同时代下的典型产业/行业及其特征

注：该图的绘制，参考了《智能时代》[5]、《人类简史》[6]、《时间地图：大历史导论》[7]、《第三次工业革命》[8]、《第二次机器革命》[9]等。

国家又意味着什么呢？从产业／行业看，国家往往意味着同在一个地球，却可能处于不同时代。比如工业化，最早引爆于英国、西欧，后蔓延至北美、日俄，但时至今日，全球仍有相当多的国家未实现工业化。再拿互联网来说，全球共有 200 多个国家和地区，但拥有自主互联网产业者寥寥无几，甚至，一些国家仍处在战火纷飞中，生存不易，更难论发展。

作为有史以来最成功的投资者，巴菲特曾说，"我的父母是世界上最好的……我在恰当的时间出生在一个好地方，我抽中了'卵巢彩票'"[10]。他的意思是说，一个人的父母把他生在怎样的时代和国家，决定了其人生轨迹和可能性。的确，20 世纪美国的国运是巴菲特投资业绩的基础。

那么，如何理解一国之兴衰？今日之中国，对你我又意味着什么呢？

桥水基金创始人瑞·达利欧（Ray Dalio）曾准确预测了 2008 年金融危机，他在《原则：应对变化中的世界秩序》中提出，可将国家兴衰分为三个阶段（见图 4-6），分别是上升阶段、顶部阶段和下跌阶段[11]。

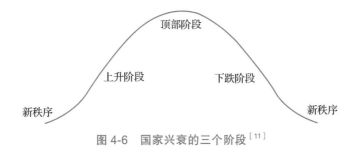

图 4-6　国家兴衰的三个阶段[11]

同时，达利欧还列出了衡量一国状况的 8 种实力指标：教育、竞争力、创新和技术、经济产出、世界贸易份额、军事实力、金融中心实力、储备货币地位，并在详细数据分析的基础上指出，"从各方面看，中国现在是一个不断发展的大国"[11]。

在大历史格局下，今日之中国，很明显处于三阶段中的"上升阶段"——体量巨大、生机勃勃、产业兴盛，我们不仅实现了工业化，而且成为全球信息产业最繁荣的国家之一，开启了智能时代的建设。这些让作为中国人的我们，也可以幸运地说："我抽中了'卵巢彩票'。"

那么，如何用好自己的"卵巢彩票"呢？个人以为：

第一，有幸生活在 21 世纪的中国，我们要做的是，对此心怀感激，并做好个人赛道的选择，投入到时代建设的洪流中。

第二，选什么赛道呢？"发明创新显然是决定一国状况的最有力的因素"[11]，如果可以，尽量围绕信息时代与智能时代的巨大可能性，多做创新之事，不只是技术创新，也可能是产品创新、应用创新、模式创新。数字化绝不等同于互联网，处在正在到来的浪潮中，有哪一个行业不经受数字化的洗礼呢？

关于时代机遇，还有人说或许意味着新能源、新能源汽车等。如上分析仅为引子，在具体选择上，还需个人多下功夫。

小结：长长的坡和厚厚的雪

巴菲特曾以"滚雪球"隐喻人生：人生的关键在于找到长长的坡和厚厚的雪，这样就能通过复利的长期作用实现巨大的积累。

长长的坡，就是本书一再提到的：作为"点"，对于"线面体"，无论从哪个层面考虑，都要选那些能干得长，且处在上升期的赛道。对此，尽管各层面对赛道的划分不同，但合起来看，赛道都包括"成—住—坏—空"几个阶段，如同春夏秋冬四季（见图 4-7）。

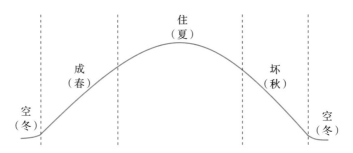

图 4-7　各赛道都包括"成—住—坏—空"（春夏秋冬）几个阶段

我们要做的就是，在任何时候，如不怕累，敢担风险，就果断进入"成"（春）阶段的赛道，如果希望更稳健，就进入"住"（夏）阶段的赛道，并尽力回避"坏"（秋）和"空"（冬）阶段的赛道。同时，要选相对长的赛道，否则即便进入了春夏阶段，在速生速死之处，又何谈长长的坡呢？

关于厚厚的雪，各层面的关注点虽有不同（见表 4-2），但最重要的是，永远记得问自己："我所在的时代与国家，行业与城市/区域，公司与岗位，最需解决的核心问题是什么，我能创造什么价值？"

表 4-2　基于厚厚的雪，在"点线面体"各层面上需做的

维度			我该做什么
体	时代	读懂+感激	很难选择，我能做的唯有读懂和感激，同时用好自己的"卵巢彩票"
	国家		
面	行业	选择	我处在什么行业，能否选择引领时代变革的行业 或者，能否在所处行业中，引入变革行业所需的关键技术/创新等
	城市/区域		我处在什么城市/区域，能否选择最具发展潜力的地方 或者，能否虽处异地，但与这个地方发生更有效的联系
线	公司		我处在什么公司，能否选择可以创造更大价值或更具博弈优势的公司 或者，能否助推我的公司更具价值
	岗位		我处在什么岗位，能否选择企业价值链中更具影响力的岗位 或者，如何使现岗工作更具价值
点	个人	努力	我如何优化自己的选择 以及，我是否足够努力

Facebook 前首席运营官桑德伯格曾说过，她的职业生涯中最重要的一次转换是从政府部门转到谷歌，当她犹豫不决时，时任谷歌 CEO 的施密特给她的建议是，"如果有人邀请你上一艘火箭，你不要问上去之后坐哪儿，你只要上去就可以了"[12]。

施密特说的"火箭"，和我们说的"电梯"异曲同工，它

速度飞快（价值大），且正往上飞（处于成长阶段），如果再满足一个条件——能飞得长就更好了。预祝你能登上持续向上的电梯（火箭）。

03 我不是行业分析师，也不是战略顾问，只想"吃着火锅唱着歌"

认识环境的关键在上述"点线面体"，但如何做，才能准确理解环境呢？

看到那么多理论、模型、数据，你或许会望而却步，心想："我又不是行业分析师，也不是战略顾问，难不成要先读上几百本书，看几十份行业报告才行？我只是希望选个好工作，或者让职业路走得顺一点，能不能让我'吃着火锅唱着歌'就把事办了？"

事实上，读书、看报告当然好，但光这样做一点用都没有。作为一名 HR、企业顾问、职业生涯教练，见闻经历告诉我，要想真正理解环境，恰恰需要秉持着"吃着火锅唱着歌"的心境去行动。

有勇气，走出去

记得给深圳一家企业做咨询时，听到了不少震撼我的事。我访谈了公司高层管理者，他们大多并非名校出身，学历也一般，但谈吐不凡、行事干练，手底下都管着不小的业务和队伍，而谈到个人生活，他们基本都在深圳有车有房，算上股权，有的身家已千万。

不少人来深圳已二十几年，其成长和成就，显然得益于这座城市的崛起，以及其所在行业的成长。我问他们："当年怎么就想着来深圳呢？对自己这些年的发展，有什么感想？"

可以负责任地告诉大家，虽说他们中的多数人很爱读书、思考，但没有一个人告诉我，他之所以来深圳，加入这家公司，是因为看了战略报告，做了行业分析。他们提到最多的是：

> ▶ 当年就是听电视上说（或听同村外出打工的人说）南方有机会，便买了张票，登上了火车。
> ▶ 来到深圳，一开始打点散工，周末就逛逛人才市场，恰巧遇到了老板（公司创始人），觉得投缘，而且老板给描绘了很大的愿景，所以自己就加入了公司。

常听人说，这批早早就到深圳等地的人发展得很好，是被天上的馅饼砸中了。对此我想说，如果他们当年没有走出去的勇气，而一直安于屋内，命运又会如何呢？

那可是二十几年前，火车还是绿皮车，也没有互联网的年代。同一代人，有的在小镇上工作到退休，有的说走就走，用双手参与建设了中国最年轻的一线城市。当感叹命运有别时，应先问问，我的勇气在哪里，要不要走出去。

再说个例子。我们知道，任正非是深圳奋斗者的代表，那他又是如何创办华为这家信息时代的巨头、智能时代的引领者的呢？

在创办华为前，任正非先后走出了部队和国企，他走出了安稳，走向了冒险。《创华为：任正非传》中写道，任正非从待了十几年的部队转业到深圳，但此后，他落入商业陷阱，又遇项目失败，每一笔损失在当时都是天文数字。几年里，挫折如影随形。在山穷水尽时，最后的"撒手锏"只剩冒险"赌一把"，于是，身处中年危机中的任正非开始创业，"1987年 10 月，在深圳湾畔一个杂草丛生的两间'简易房'里"，华为诞生了。[13]

不确定性无处不在，挫折也会随时到来，但首先要意识到，我们不可能靠在屋里读书、看报告渡过难关、收获成长，必须走出去，在户外看天，在战斗中学习战斗。

相信每个人都曾有过某种直觉，"我是不是该去哪儿看看""我是不是该试试做点什么"，下一次当直觉升起时，就勇敢行动吧，走出去。

追随心，广连接

谈到凭直觉而行动，我常常会想到另一位榜样人物，他就是个人电脑和智能手机的开创者史蒂夫·乔布斯，除此以外，他还变革了动画电影、音乐、平板电脑和数字出版等多个产业。

我一直在想，这样一位人物究竟是怎样成长起来的？透过《史蒂夫·乔布斯传》[14]与《成为乔布斯》[15]两本书，我们可以对此窥见一斑。

令我印象最深的，是他说的"保持饥饿，保持愚蠢"（Stay hungry，stay foolish）⊖。这句话有多元的内涵，而最令我有感觉的是：追随内心，与这个世界广泛连接。

在"斯坦福大学2005届毕业典礼演讲"中，50岁的乔布斯回首过往，将自己跨过山巅亦穿过深海的人生，凝结成了3个故事，其中一个是关于如何把生命中的点点滴滴串联起来的。他说"我愿意追随自己的直觉和好奇心，无意中遇到的很多东西事后都成了无价之宝"，比如，在里德学院期间，乔布斯决定去旁听一门艺术字课程，学习怎样制作漂亮的字体。他发现美妙字体所呈现的历史感和艺术感是科学永远都无法捕捉的，这一切非常迷人。

乔布斯在演讲中说道："当时看起来，艺术字在我的生命中似乎没有任何用处。但是10年后，当我们在设计第一台麦金塔电脑（Macintosh，简称Mac）时，艺术字的意义浮现出来了，我们将艺术字融入了麦金塔的设计。麦金塔是第一台拥有漂亮印刷字体的电脑……"换句话说，乔布斯旁听艺术字课程的经历，孕育了麦金塔好看的字体。他说："我在读大

⊖ "Stay hungry，stay foolish"，在《史蒂夫·乔布斯传》《成为乔布斯》两本书的中译本里，均译为了"求知若饥，虚心若愚"。乔布斯对"Stay hungry，stay foolish"的引述应用，最有名的当属"斯坦福大学2005届毕业典礼演讲"，结合演讲上下文，作者认为，将其直译为"保持饥饿，保持愚蠢"更为贴切。

学的时候当然不可能预先把这些点点滴滴串联起来，但是 10
年后回过头去看，这一切都不言而喻。"

　　这种追随内心、广泛连接的做法，在乔布斯的人生中随
处可见。少年时期，他浸润于硅谷大环境，在极客与嬉皮士
的世界中探索嬉戏；青年时期，他远赴印度修行，回到家乡
后，又追随禅宗大师铃木俊隆及其助手乙川弘文。他跟工程师
学习、玩耍，也痴迷于鲍勃·迪伦和披头士乐队，而与沃兹尼
亚克[⊖]的相遇注定要奏响最美妙的乐章。此后几十年，无论是
在施乐公司第一次见到配备鼠标和图形界面的电脑，还是在被
苹果放逐后与皮克斯的相拥，乃至回归苹果开创新时代的历程
中 [14,15]，无不反映出乔布斯的追随内心、广泛连接。

　　常听人感叹，那些早年加入互联网行业的员工多么幸运。
作为后来者的一分子，我也好奇，他们当年为何那么有先见
之明，加入一个朝阳行业呢？

　　我爱找前辈们聊天，发现他们的幸运，大多要么和勇气
有关，要么源于开放的心。

　　那些年，互联网公司并不是 985、211 院校同学的首选就
业单位，甚至有些时候，有些互联网岗位，是个人就能加入。
关键在于，谁会加入呢？

　　不乏有人为了讨口饭吃——反正公司愿要，就进去干干
看呗。但更多的人，是怀着对互联网这一新鲜事物的好奇和开

　　⊖　苹果公司的另一位联合创始人。

放，他们或从一名用户开始，感知到某种浪潮的声音，或从年轻一代的眼神中，瞥见新时代的微光，或是当大多数人把互联网公司创始人的言语当忽悠时，他们却选择相信和拥抱。

在个人电脑与互联网的浪潮之后，站在今日向前看，下一个时代机会在哪里？我们是不是也可以做到"保持饥饿，保持愚蠢"，追随内心，广泛连接更多的人或事，聊聊、看看，结交善缘。未来有一天，当回顾往事时，或许我们也会看到生命中的点滴串联出了"非同凡想"[⊖]的人生。

虚己心，找老师

对环境的认识、对机遇的把握，老师的作用至关重要。

大学毕业后，我刚开始从事的是人才测评工作。这是个相当专业，又极为细分的工作，干了三年多，我发现自己的视野变窄，思维、行事上也遇到了瓶颈。

帮我突破瓶颈的是王明夫先生及和君商学院。在先生大开大合的讲授下，我思考的视角，从人才测评，到整个 HR 领域，再到管理和企业经营领域，逐步形成了"国势 + 产业 + 管理 + 资本"的复合式知识结构。2016 年，在创业做了两年多管理咨询后，我又加入了同属和系企业的一家投资及基金管理公司，成了商学院师兄的合伙人，在师兄的带领下，进一步打开了视野，提高了格局。

⊖ "非同凡想"意思是"Think different"，来自苹果公司于 1997 年发布的著名广告。

后来我到了阿里巴巴，有幸跟随公司创业早期就加入的数位上级，还有幸结识了组织与人才发展领域的行业领军者。我视之为师，因为他们，我不仅对专业工作有了更深理解，而且体会到了更高境界的职业状态。

找到老师，站在巨人的肩膀看世界，不仅能成就普通人的职业发展，而且能助推普通人成长为创业者、企业家。这方面的典型是王兴和他创办的美团。作为早些年美团的员工，我对兴哥（王兴）心有敬意，并仔细了解过其创业史。

兴哥曾做过不少互联网项目，比较有名的有早年的校内网、饭否网，以及如今已成为巨头的美团。事实上，这几个著名网站都有对标的"美国老师"，校内网对标 Facebook，饭否网对标 Twitter，而时至今日，美团早已超越了其"老师"Groupon。

传记《九败一胜》中[16]写道："他对美国互联网的趋势把握非常准，移植到中国互联网，他做的产品也是非常出色的。"这从侧面印证了"老师"的重要性。

有人问："老师何处寻呢？"

事实上，当学生准备好时，老师也就出现了。

"老师"的形态有很多，可以是具体的人，可以是对标的公司，可以是最新的技术，也可以是书和报告，甚至可以无形无相，关键在于我们要做好成为一名学生的准备。

在众多老师中，有一位需引起足够重视，那就是社会和时代的脉搏。要感知这脉搏，最好走进广阔天地，走入田间地头。同时，这脉搏也常会体现为"政策"，甚至"国家战略"。因此，我常建议，要多关注党和政府的重要会议及相关文件，时间允许的话，最好能每天收看《新闻联播》。

小结：一些有助于抬头看天、认识环境的实际做法

走出去，广连接，找老师，加上看书、读报告，这不就是常说的"读万卷书，行万里路，聊无数人，求高人指路"吗？要做到这些，我们应拿出勇气、好奇和虚心的态度，甚至还需要一些"吃着火锅唱着歌"的愉悦、自在的心情。综上，表4-3 给出了一些实际做法，希望能给你抬头看天、认识环境带来启发。

表 4-3　有助于抬头看天、认识环境的实际做法（供参考）

序号	做法	维度
1	读两种书，一是经典，二是蕴含着某种新概念、新趋势的书（以读得开心为前提，一本读不下去，就换下一本好了）	用心"读"
2	每年都有计划地出去走走，甚至可以考虑做个周末旅行家	勇敢"行"
3	条件允许的话，到某个陌生的地方工作、生活一段时间	
4	在主业之外，尝试下其他工作或活动，尤其是在你直觉中出现过的	
5	在公司时，尽量不独自吃午饭，可以约同事一起，一对一更好	好奇"聊"
6	找你身边"最有意思的人"聊天，然后请他给你介绍下一个"有意思的人"	
7	每年找 50 个来自不同行业的人聊天	
8	主动找上级交流	虚心"求"
9	找到自己的"老师"，并与对方定期会面	
10	尽量收看《新闻联播》及"两会报道"，并学习大会文件	
11	逛逛年轻人常去的网站	

04 如果只有一片天，那就是"客户"

认识环境的核心目的之一在于发现"需求"，从而为他人和社会创造价值。从这个核心目的出发，可以说：抬头看天，如果只有一片天，那就是"客户"。

还记得小时候，母亲常带我在街头做小生意，我们家卖过玩具、服装、水果，也搞过餐饮店。生意好不好，根本不取决于我们的叫卖声大不大，出摊的时间长不长，而取决于我们是不是恰好在卖客户想要的东西。因此，母亲会花很多时间跟客户交谈，了解他们真正需要什么、想买什么。从那时起，我就朦胧地意识到，赚多赚少只是"果"，而关键的"因"则在于提供了他人想要的东西。长大后愈加发现，无论企业还是个人，要想有所发展，无不如此。

"现代管理学之父"德鲁克曾说，"由于企业是社会的一分子，因此企业的目的也必须在社会之中。关于企业的目的，只有一个正确而有效的定义：创造顾客"[17]。类似地，个人作为企业的一分子、社会的一分子，要想获得认可和职业发展，也必须"创造顾客"。

"客户"或"顾客"，通常被理解为愿意付钱购买产品或服务的一方，依德鲁克所言，"企业认为自己的产品是什么，并不是最重要的事情，对于企业的前途和成功尤其不是那么重要。顾客认为他购买的是什么，他心目中的'价值'何在，却有决定性的影响"[17]。

照此类比，我们也可以说，真正重要的不是一个人拥有什么学历、经验或能力，而是其客户想要解决的问题是否被解决、想要满足的需求是否被满足。换句话说，具有决定性影响的，不是一个人做了什么，而是他的客户认为自己从他那里得到了什么。

从这个意义上讲，作为公司代表，用心去理解并满足外部客户的需求，作为员工，懂得内部客户（包括相应上级、下级、平级等）所需并提供有力支持，就是职业人最核心的工作。每天追问"我的客户究竟是谁，他需要什么，我该如何做才能为他创造价值？"，可谓职业发展的黄金法则——说白了，内外部客户就是我们的衣食父母。

当然，对"客户"的理解和重视，完全可以超越商业或职业发展的范畴。一个人可以不计得失地去服务他人，在此过程中，体会到"重于泰山"的意义感。你要服务谁，为谁创造价值，谁便是你抬头去看的那片天，而寻找他、理解他并确定他，便成了你人生路上至关重要的事情。

05 行动指南：
"认识环境"的每日功课

视己为人，意味着我们不是被动地让环境安排自己，而是主动地去认识环境、选择赛道。

身处不同岗位、公司、行业、城市/区域，会对个人发展之路的上行下行、速度、长短等有显著影响，因此，我们需要用心了解，并做好选择。

最重要的，是服务好当前客户，并不断寻找、理解自己的长期客户。

关于认识环境，图 4-8 从行动指南的角度，给出了供参考的每日功课。

秦孝公扭转秦国国运及"商鞅变法"是我国历史上的重大事件，电视剧《大秦帝国之裂变》再现了这段历史。其中，最为关键的节点，是秦王颁布"求贤令"和卫鞅入秦。

秦王选才，不拘一格，方法上也绝非惯常的笔试、面试，而是提供盘缠，请各国士子遍访秦国三月，再出长计奇策。众多士子对此不解，纷纷以为秦王吝惜官爵，想求贤却摆谱。唯独卫鞅深懂其意，还找了一身秦地粗布衣，从外到内入乡随俗，然后便果断下乡了。是的，是下乡，用脚步丈量秦地，用眼观察秦俗，用心感知秦人。

秦王和卫鞅都知道，若对秦地、秦俗、秦人缺乏了解，非要建言献策，无异于空谈，根本不可能干出有价值的事，更不可能推动秦国革新。事实上，认识环境，是一切价值创造的前提。

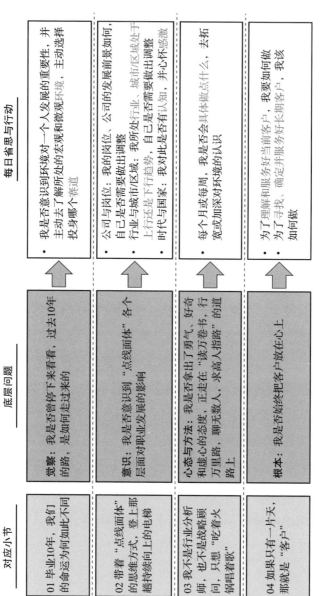

图 4-8 "认识环境"的每日功课

对应小节

01 毕业10年，我们的命运为何如此不同

02 带着"点线面体"的思维方式，登上那趟持续向上的电梯

03 我不是行业分析师，也不是战略顾问，只想"吃着火锅唱着歌"

04 如果只有一片天，那就是"客户"

底层问题

觉察：我是否曾停下来看看，过去10年的路，是如何走过来的

意识：我是否意识到"点线面体"层面对职业发展的影响

心态与方法：我是否拿出了勇气、好奇和虚心的态度，正走在"读万卷书、行万里路、聊无数人、求高人指路"的道路上

根本：我是否始终把客户放在心上

每日省思与行动

- 我是否意识到环境对一个人发展的重要性，并主动去了解所处的宏观和微观环境，主动选择投身哪个赛道

- 公司与岗位：我的岗位，公司的发展前景如何，自己是否需要做出调整；行业与城市区域：我所处行业、城市区域处于上行还是下行趋势，自己是否需要做出调整；时代与国家：我对此是否有认知，并心怀感激

- 每个月或每周，我是否会具体做点什么，去拓宽或加深对环境的认识

- 为了理解和服务好当前客户，我要如何做；为了寻找、确定并服务好长期客户，我该如何做

　　同样有意思的是，人们通常认为，候选人通过了面试，那就"上班"呗，下乡搞透了情况，就赶紧拿方案、表现自己，争取秦王认可呗，但卫鞅偏不。秦王面试他，他也在面试秦王。为确认秦王是真想变革还是假模假式地做戏，卫鞅竟然两次瞎说——在他看来，面对他的胡言乱语，秦王越是愤怒，就越是突显其渴求真贤实才。这足可见得卫鞅在寻找和确定长期客户一事上，极为谨慎、真诚。

　　最终，两人惺惺相惜，成就了"君如青山，我如松柏"的历史佳话，后世以"商鞅变法"来代称这段秦国崛起阶段的重大事件。

　　变法尚且如此，对于我们个人的职业发展，如果能不断用心认识环境、选择赛道，并始终把客户装在心里，那么所谓成长、成功，恐怕更是水到渠成的事了。

目标引领

有目标，向前进，创造想要的人生

"我的目标是什么？"，对走好职业路来说，这是一个非常重要的问题。

记得被裁员时，昇畅虽有受伤，却无太多纠结，因为她已打定主意，接下来几年深挖技术在行业中的应用，既然自己在 B 公司不能继续干这个了，那就换个地方继续。她的目标不是守住一份工作，而是持续钻研一件自己感兴趣的事，可以说，这帮助她度过了职业的动荡时期。

事实上，昇畅已习惯每天都问问自己"我的目标是什么？"，这不仅帮助她冲破职业迷雾，还让她拥有了一种对每一天的期待感和对人生的掌控感。

没有目标，

你哪儿也到不了

大学毕业后，阿生一直在一家大的互联网平台工作。外界传说的加班、业务调整，在他看来都不是事儿，"我是一块砖，哪里需要往哪里搬"早已深入其心。工作这八年来，看似时有风雨，但他依然感觉岁月静好，公司每年总会兑现股权，而且他混个绩效中等也不是难事。

但这一切，在 2022 年的春末结束了。4 月月底，主管找到他，遗憾表示，由于疫情和行业原因，公司不得不请一些同学"毕业"，而他也在其中。

阿生头脑发蒙，这些变化完全不在自己对生活的设想中。事实上，他很少设想生活，就算知道互联网公司常拥抱变化，但依然相信以自己的适应力，可以在这个大的平台一直待下去，如同父母当年在国企一样。

小时候，阿生在厂矿长大，他一直怀念那时的日子，天永远那么蓝，厂里的喇叭声总是那么响，食堂的饭菜一直那么香。直到 1998 年的一个晚上，爸爸妈妈回到家愁眉苦脸，阿生才知道，父母双双下岗了。那夜，妈妈痛哭，爸爸则深思："接下来的日子怎么过，我们家要往何处去？"

如今，这个问题又一次砸到阿生头上，执念于岁月静好的他，也不得不思考："接下来怎么过，我要去哪儿？"

盘点过往，他发现，这些年下来，所谓职业发展，就是晋升了两级，换了三个事业部。而所谓积累，就是一辆车、一些存款，还有一套未还清房贷的住房。除此之外，似乎没有其他。每一天，自己都那么努力地在工位、会议室、食堂间来回挪动，一天天、一年年这样度过，直到过不下去。

被裁员，令阿生如梦方醒，自己用日子换了皱纹，用辛劳换了物质，但这些就是自己想要的吗？他意识到，如果没有自定的目标，就算忙碌多年，也依然在原地。

心理学认为，目标对人的重大意义起码有两点：一是，目标有助于创造更好的结果或绩效；二是，与没目标的人比，那些有目标的人拥有更高的生活满意度[1]。这种生活满意度不仅源于目标的实现，更源于心有目标的感觉。事实上，不确定性随时在，但目标感令我们清楚自己走过了哪儿，正在哪儿，以及打算去哪儿。

我的老师蔡志忠先生多次教导弟子，"没有目标，就如同开车出门却不知去哪儿，在路上瞎转悠那般荒唐"，他建议弟子们要常自问：

第一，我要达成什么？（目标）

第二，为什么要达成？（想明白会更有动力）

第三，如何达成？（目标的实现路径与方法）

其中，第一问既是起点，也是核心。

实际上，很少有人会认为自己没目标，但目标设定的误区，会导致我们从看似有目标，滑向失去目标。下面，我们谈谈四种常见的目标设定误区（见图 5-1）。

误区一：目标短视化

问："你的目标是什么？"

答："下个月多签两单""下半年能晋升""今年挣个 20万"等，或者"年底前把车换了""休年假去趟海边"等，又或"赶在春节前把在职研究生论文做好"等。

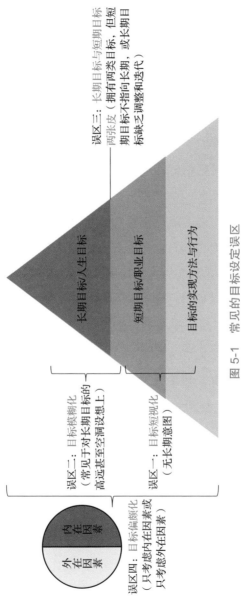

图 5-1　常见的目标设定误区

这些是不是目标？

当然是，且有好处：它们让人的关注点更聚焦，能量指向更明确，从而产生行动力。但是，从这些目标中，却很难看见内心的"为什么"和更远大的图景。假如继续追问，"下个月后/春节后/明年后，又有什么打算呢？"，常会听到，"计划没有变化快，先把眼前这些事干了再说"。

习惯这样设定目标的人，似乎更务实，但目标短视化可能会带来三大问题：

一是，只顾追逐眼前之物却未想其有何深远意义，有时会令人失去动力，如自叹"为什么要这么过，挣了钱，换了车又如何？"。更严重的是，当回顾生活或遇到重大变故时，难免感到空虚，觉得这样做如同把生活过成了"完成KPI"，指标都达成了，却发现毫无意义。

二是，没有更远大的图景，东挖一个坑，西垒一堵墙，看似干了不少事，却始终建不成一座大厦，同时，也很难享受到时间带来的复利效应。

三是，由于很少设想远期未来，视线被眼前事物遮挡，从而可能错失那些对未来很有价值的机会。

误区二：目标模糊化

问："你的目标是什么？"

答："把这个项目做到最好""把工作做得棒棒的"等，或者"工作顺心，有发展""功成名就""财富自由""环游世界""实现自我价值"等，又或"过上幸福生活""拥有美满家庭"等。

"做到最好"，心理学家海蒂·格兰特·霍尔沃森（Heidi Grant Halvorson）认为，这句话看似出发点不错，实则很蹩脚，原因是目标太模糊了[2]。到底要怎样才算"最好"，做到什么程度才算"棒棒的"？模糊的目标不包含具体行为或环境，而是反映更抽象、笼统的目的。相反，具体的目标详细说明了在特定环境中，通过特定行为实现的具体、有形的回报是什么[1]，例如，"为了建立个人 IP，并与更多有意思的人产生联系，我每周要在某平台发 3 段高质量音频，期望在 2 年内成为拥有十万级粉丝的知识主播"。

目标模糊化，更常见于对长期目标的高远甚至空洞设想上。财富自由、成功、幸福、美满等，可以说这些目标很有意义，但大而抽象，令人无从下手。就拿"环游世界"来说，我不止一次听人谈起这是他最向往的事，但每当问起，计划什么时间去哪儿，为此攒了多少钱，有没有做攻略等，对方就尴尬一笑，说有空再看。

如此，看似拥有长期目标，却总是没法往前走，最终落得空想一场。其解药是设定"具体而艰巨的目标"：具体的目标提供明确的方向，类似导航，而艰巨的目标唤起努力，类似车速，当两者相结合时，目标的难度会激发行为，而目标的具体性会将行为引向正确的方向[1]。

误区三：长期目标与短期目标两张皮

只设立长期目标或短期目标，是误区；二者都有，却脱节成两张皮，也是误区。

两张皮的一个表现是，在设定短期目标时，未以长期目标为锚和指向。比如，一方面，打算在 5 年后成为某个领域内有影响力的自由职业者；另一方面，陷在极为忙碌的日常工作中，想努力晋升到总监岗位。或许后者的确有助于实现长期目标，但如果不曾花工夫梳理二者的联系，那么很可能 5 年过去，目标还在未来。

两张皮的另一个表现是，在日常忙碌中，大量现实信息已显示长期目标可能需要调整，但个人却不对此进行重新思考和迭代。例如，有人给自己的目标是，用 10 年时间成为电商领域的算法技术大拿，然而，努力了几年，却发现自己的逻辑能力、建模技能等并不突出，且越来越多的迹象显露，算法人才起码阶段性供过于求了。这时候，如果个人仍然刻舟求剑，不顾变化，就有可能掉入大坑。

误区四：目标偏颇化

无论长期还是短期目标，都有可能落入偏颇化误区。偏颇有以下两种：

其一是只着眼"外在因素"，也就是仅考虑社会需求和因此带来的回报，却不考虑自身是否胜任、是否喜爱。比如，高考填志愿，二十年前，家长们大多会让孩子填报电力、财经等专业，这几年则全都涌向计算机、软件工程专业，完全不顾专业是否适合孩子。职业选择上也类似，大家全都冲进互联网、金融行业，我却看到，身边有人明明是天生的教师、机械工、画家，却非要来做程序员，就算出于行业回报水平的考虑，作为一名有潜力的画家，来互联网也可以干设计岗啊，而不是非要按住自己的头去写程序。

其二则相反，只管"内在因素"，任性于"我就喜欢"，完全不管社会需求。你当然可如梵·高那样，即便生前没人看得起他的画，也依然一直画下去。但对大多数人来说，长时间缺乏有效的外部正反馈，会坚持不下去，从而失去"我就喜欢"的热情。

02 现在，发现你的职业目标

身为职业生涯教练，来访者问我最多的就是，"我在工作中如何体现出自身价值？""该不该申请转岗？""是继续在这家公司打拼，还是换个地方？"，或是"我想做点自己的事，但又不清楚做什么，该怎么办？"。本质上，这些都是在说职业目标。

昇畅被 B 公司裁员后，也来找过我。那时的她，刚从负面情绪中缓过来，显得有些不知所措，我对她最重要的忠告是，"现在，请发现你的职业目标"。

如何发现靠谱的职业目标？

传统职业顾问会建议，首先要花足够的时间弄清楚自己想要什么、擅长什么，同时搞明白职业市场的需求状况。这听来言之有理，但麻烦在于，人们常认为人生只有一次，不深思熟虑，就别轻易上路，于是裹足不前。更麻烦的是，即便花了大量时间搜集信息、反复论证，但是一旦上路就会发现，真实情况要么与宅在家里自省、研究的结果相去甚远，要么在快速变化的环境下已时过境迁。

针对这种"先计划，再行动"模式，组织行为学教授埃米尼亚·伊瓦拉（Herminia Ibarra）在《转行》一书中进行了有力反驳，并提出"试错学习"的新模式。她认为，恰当的做法是，通过不断尝试，塑造和形成新的自我[3]，在行动试错中发现靠谱的职业目标。这一做法有其合理性，但过度强调行动、否定计划，或许会令人误解，以为上路前的一切准备都毫无必要。然而，这绝非事实。

我认为，正确的做法是将上述两方面结合起来：

第一，开始前，和自己约定一个截止日期，梳理自己、认识环境，并设定目标，这使我们不至于开展完全盲目的行动。但也需意识到，对自己的梳理和对环境的认识不可能一蹴而就，靠谱的目标需要经过一段"设定—检验—获取反馈—再设定"的探索过程（见图 5-2）才能找到。因而，我们只需期待提出不算离谱的假设，而绝不要指望百分之百正确。也因此，这一步过程用时不宜过长，建议 1～3 个月为宜，短可至一周，甚至一个下午。

第二，更为重要的是，果断行动，开启"设定—检验—获取反馈—再设定"的过程。正如 LinkedIn 创始人里德·霍夫曼（Reid Hoffman）所说，"如果说过去是一种'预备，瞄准，射击'的模式，如今这一过程则变成了'瞄准，射击，再瞄准，再射击，再瞄准，再射击'"[4]。在此过程中，瞄准、射击的速度，以及子弹出膛后的反思学习是关键。反复进行，越快越好，直到初步确认目标靠谱。然而，这也仅仅是个阶段性的确认，从长期来看，边坚持边迭代是个持久的循环。

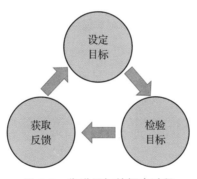

图 5-2　靠谱目标的探索过程

初设职业目标：请告诉自己，这只是个假设

初设职业目标时，请在心里多告诉自己几遍，"这只是个假设，靠不靠谱，更要看接下来的检验"。图 5-3 展示了做这个假设的参考框架，它能提醒我们不至于漏掉关键决策因素。

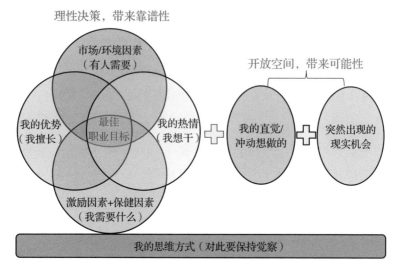

图 5-3　初设职业目标的参考框架

因素一：我是谁

第 3 章说过，当谈到"我是谁"时，尤其要重视的是我的优势（擅长）、我的热情（想干）、思维方式（影响选择和行为的底层代码）。

设定职业目标时，"我是谁"这个因素是出发点。这意味着要充分考虑我作为一个人的内在动机和力量而非外在诱惑或压力，只有这样才能最大限度地导向"我能干好、干得愉快"。

因素二：我需要什么

工作当然也要满足自身需要，而重点在于，我究竟需要什么。

心理学及组织管理领域有个著名的"双因素理论"[5]，它说的是，工作或企业中有两种因素：其一是激励因素，它能使人得到满足和激励；其二是保健因素，若它得不到满足，易使人产生不满情绪，因而导致消极怠工。因此在设定职业目标或选择工作时，对两种因素都需考虑：

▶ 激励因素：我每天干得兴不兴奋，具体包括，工作能否带来成就，是否有被认可和欣赏的机会或晋升、发展的可能等，也包括能否有机会做自己擅长、想干的事。

▶ 保健因素：包括常说的现实条件，如工资报酬、福利待遇、工作环境、人际关系等。

因素三：市场 / 环境因素

靠谱的梦想，必须有人为之买单，否则就是自嗨。设定职业目标时，要将"市场 / 环境因素"作为落脚点，具体见第4章，在此需强调的是：

▶ 如果你在公司内，渴望获得高绩效、晋升，或正考虑转岗等，一定要下功夫去理解公司战略、部门目标、上级要求、同事需要，尤其要把内外部客户的需求放在关键位置。

▶ 如果你正在找工作，或打算跳槽，建议通过调研了解哪些行业现在不错且未来还将继续景气，以及市面上急需哪些岗位人员，这些岗位期待你有什么经验、技能，创造什么价值等。

▶ 如果你打算自己做点事（副业、自由职业、创业等），那么务必用心了解市场和客户需求。

上述几个因素的交汇处，我称之为最佳职业目标。但在这样的理性决策外，我们还应为其他可能性留出开放空间：

一是，为自己的直觉留出空间。或许有这么一件事，并不完全符合上述因素，但你对它有种冲动，心向往之，那就去尝试吧。

二是，为突然出现的现实机会留出空间。任何机会都有保鲜期，有时转瞬即逝，如果身边出现了这样的现实机会，可以考虑是抓住还是放过。

以昇畅为例，基于图 5-3 的框架，她做了一番梳理（见表 5-1），并将职业目标初设为：进入一家产业互联网公司——K 公司，边熟悉、锻炼，边寻找机会从事新业务孵化。

表 5-1　昇畅加入 K 公司前对初设职业目标的梳理

关键决策因素	子维度	昇畅加入 K 公司前的梳理
因素一： 我是谁	我的优势 （我擅长）	1. 系统性思考并提炼成方案的能力 2. 演讲及汇报 3. 面对新事物可以快速学习并灵活行动
	我的热情 （我想干）	1. 新领域、新挑战，以满足好奇心 2. 尽可能离业务近，以看到工作成果 3. 最好能接地气，而不止是做 PPT
	我的思维 方式	1. 自己一直是成长型思维方式，且不怕变化 2. 但被裁员令自己略有悲观，一时间以为生活都完了，不过当对此有觉察时，就开始调整了
因素二： 我需要什么	激励因素	1. 要有机会做擅长且想干的事 2. 要有能力成长、职业发展的机会 3. 与上级合得来很重要，需要被授权和鼓励
	保健因素	1. 相比前公司，薪酬不能降 2. 公司距离不要太远，最好距家车程 50 分钟内

（续）

关键决策因素	子维度	昇畅加入 K 公司前的梳理
因素三： 市场 / 环境 因素	行业因素	最好能加入一家长期耕耘一个大行业且有数字化能力的产业互联网公司
	公司因素	1. 公司有成熟的现金流业务，又有孵化新业务的打算，最好是上市或拟上市公司 2. 提前查阅报告、信息，找朋友访谈，了解公司的战略重点、业务现状及布局
初设的 职业目标		加入 K 公司，边熟悉、锻炼，边寻找机会从事新业务孵化

迅速检验目标：从想象到行动试水

判断一个目标设定得是否恰当，我认为有两个关键：一是真正的渴望，二是事情本身可行。图 5-4 给出了检验并确认职业目标的参考框架。

对职业目标进行检验的前提，当然是先拥有一个初设的目标。然后，掂量一下实现愿望的可能性，也就是对这个目标的信心期望值有多少。接下来的检验，遵循"可控、成本小、快速"的原则，其中前两轮检验都是通过"想象"完成的，第三轮检验则是现实中的小成本试水。

这里说的"想象"，心理学上称之为"心理比对"，实质就是让我们在想象中既看到美好未来，又脚踏实地，不忽视内心感到的障碍。它有两个作用：一是帮助我们筛选愿望，尽早从不合理的目标中抽身；二是当愿望讲得通时，让我们快马加鞭，更快更好地实现愿望[6]。

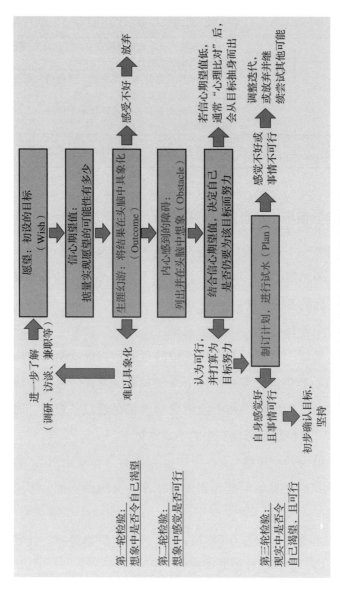

图 5-4 检验并确认职业目标的参考框架

　　第一轮检验是对职业未来或初设目标进行想象或幻想，如游览一般，在头脑中尽可能看见愿望实现后的样子，越是具体化并调动各种感官来想象，就越有效果。生涯规划领域的前辈金树人教授曾说，"幻游活动中出现的画面或场景，是'我自己要什么'的一种具象化，反映出一个人内在真实的渴求或呼唤"[7]。这好比参演一部全息电影，让我们可以提前体验愿望中的自己。如果说前面初设目标时的理性分析让人明白"什么是逻辑上讲得通的"，那么幻游带给我们的就是"什么是感觉对的"——假如在想象中都没那么渴望，甚至有不良感受，那么可以考虑换个目标了。

　　要提醒的是，幻游时，如果遇到难以具象化的情形，也就是在想象中看不清愿望实现的画面，或很难产生更多的感受，这有可能是因为对初设的目标缺乏充分的了解。这时需要通过调研、访谈等去进一步了解这个目标。举个例子，如果有人想从做业务转型做 HR，却想象不出假如愿望已成，自己会有怎样的工作状态和体验，那么不妨找做过 HR 的朋友交流下。

　　第二轮检验是透过想象看目标的可行性。我们可以先列出内心感到的实现目标的主要障碍，再在头脑中想象。研究表明，如果一开始就感到实现愿望的可能性很低，后面在行动中往往容易缺乏动力，以致停止努力。对障碍的想象，能帮助我们提前看清阻力，并结合信心期望值进一步评估可行性，此时，我们可能抽身而出，也可以决定继续前进[6]。

对于目标本身和障碍的想象，要在头脑中交替进行、反复感受。需要注意的是，只有确保按照先目标、后障碍的顺序想象，才能起到"心理比对"的作用。

"想象"之后，可考虑小成本试水，这是第三轮检验。尤其是在职业转换时，绝对不能想干什么就马上扔下手头工作去干，甚至辞职去干，这样可能代价巨大。正确的做法是，利用业余时间，通过参与相关工作或项目、副业兼职等方式尝试。

在这个过程中，没有必要害怕任何失败。硅谷有句格言"Fail fast，fail often"，说的是在"可控"和"低成本"原则上快速行动，多尝试，不怕失败，获得反馈。如此，可判断某个职业目标是否令自己渴望，且可行，从而决定是坚持，还是赶紧微调，或果断放弃。

基于此框架，让我们来看看昇畅是如何检验初设的职业目标的。

事实上，离开 B 公司后，她有多个选择，比如参与创业，再如加入 K 公司或其他公司。一个夏日午后，她独自在家，安坐下来，微闭双眼，让心和头脑信马由缰，去感受未来不同的可能性。之后，又将思想拉回现实，看见实现目标需跨越的障碍。她在未来与现实间来回切换，为了记录闪过的思绪，还快速写下了一些关键词。这样的"心理比对"，昇畅做过好几次，进一步确定将 K 公司作为目标。

至于试水，对产业互联网及新业务工作，早在昇畅还在

B 公司工作期间，她就有过尝试，而 K 公司的试用期是她进一步试水的好机会。她主动结识同事，认真参与研讨，投入相关工作，并积极与上级沟通，从而获得确认职业目标的足够信息。

03 在持续不断的探索中 看见人生的北极星

不断设定、检验以确认目标，能帮我们更多看见机会，更少掉进坑里。然而，有两个问题仍让人困扰：

一是不断试水、调整，难免让人有种漂泊感。即便确定在一家公司打工，业务立了又撤，身边的人来了又走，外界的不确定性仍会击打内心。我曾问过昇畅，"有想过五年后你在做什么吗？"，她先一愣再哈哈笑，"明年我会在哪里都不好说，五年后谁说得清"。

二是随环境变化不断更换目标，常令人对所做的事有种幻灭感。昇畅在 K 公司参与了不下五起新业务，她有种年年眼见高楼起，年年又见楼塌了的心情。长年累月，艰苦奋斗，她常在夜里走出公司大门时自问："我创造了什么，又留下了什么？"

去年冬天，昇畅又一次找到我。她说，年轻时以"拥抱变化"激励自己，老板指哪儿她打哪儿，但身体越来越差，不能再这样下去了。于是，我们谈到了"人生目标"。我问她："不说一辈子吧，就说十年，你打算用十年的光阴来创造什么、达成什么？"昇畅一惊，她意识到这才是真正重要的问题，对这个问题有了答案，内心才会安定。

我把人生目标比作北极星。世界不确定，但拥有北极星的内心是确定的。不仅如此，研究表明，人生目标所带来的生活意义感、方向感还有助于抵御压力，增进幸福感，带来良好的身心状态[8]。在心理学家洞察人生目标及意义的真实故事中，它甚至能给予人活下去的勇气，从而穿越二战纳粹集中营的生死线[9]。

既然人生目标如此重要，我们不禁会问："如何才能找到呢？"

畅销书《高效能人士的七个习惯》提到"以终为始"时倡议，一个人应该制定个人使命宣言，以此来锚定人生目标[10]。听起来，似乎倾听自己的心声，并做一次深刻的自省，就能确立使命和人生目标。

事实上，在不确定的世界中，环境剧变，自我也非固定不变的，假如说连中期职业目标都需要经过"设定—检验—获取反馈—再设定"的探索才能找到，又怎能指望通过夜深人静的一轮自我对话就找到人生目标？

可以说，寻找人生目标，是一段长期探索的旅程，当有人问起"你的人生目标是什么？"时，如果无从回答，你根本不必感到失落、遗憾。人与人之间的差别，常常并不在于是否已确立了人生目标，而在于是否意识到这一问题的重大意义且从未放弃探寻。

心理学家威廉·戴蒙（William Damon）曾给出过"通往目标之路"的一系列步骤[11]，或许可以给我们些许启发，其核心是两次启示性时刻：

▶ 第一次启示性时刻：（发现）世界上有一些重要的东西可以被改正或改进。

▶ 第二次启示性时刻：（觉察）我可以为此做出一些贡献，让情况有所改变。

这样的发现之眼、觉察之心，有助于我们找到人生目标。下面分享的是一些前辈与他们的人生目标相遇的故事，他们给予了我莫大的启迪。

在追寻生命意义的过程中，以"爱"来锚定人生目标

第一次听到张桂梅老师的故事[12]，我便深为触动。

张桂梅在 20 年前就立志，要办一所免费女子高中，帮助贫困女生接受教育。她说，"如果一个女孩子受高等教育，她就能改变三代人的命运"。2008 年，在政府的大力支持下，这所中学得以开办，至今已帮助近 2000 名大山里的女孩走进大学。

我一直好奇，张老师为何有这个志向，何来如此强大的精神力量。为此，我进一步搜阅了更多素材[13, 14]。

张桂梅很早就到云南支边，后随丈夫在其家乡大理任教。

然而不幸的是，1996 年，丈夫因癌症去世，张老师黯然神伤，申请到丽江华坪任教。但不到一年，她本人被查出重疾。

我相信，丈夫的离开，让张桂梅在悲恸之际开始思考自己的后半生该怎么往前走，而罹患重疾又捉襟见肘的生活，更令她在生死之间徘徊。

当时，县里知道了张老师的情况，县长就说，"张老师你不需要怕，我们再穷都会救活你"。妇代会上，大家纷纷捐钱，有些山里的妇女手上只有几块钱，但她们也都捐了。张老师想，自己还没为这个小县做过一点点贡献，却添了这么大麻烦，大家把我救活了，我活着要为这片山区和老百姓做点事。心怀感恩之心，她不遗余力地投入工作，细心的张老师渐渐意识到，让大山里的女孩能读书，意义重大。于是，她萌生了筹建免费女子高中的想法，并踏上了毕生的奋斗路。

很多人都会思索活着的意义，每次看张老师的故事，我都想，有时候使命来源于经历人生的极端遭遇，并觉悟到人生苦短的那一刻，而有时候人生目标来源于他人对自己的爱，以及自己回馈这份深沉之爱的过程。

透过榜样，看见人生目标

我们中不少人都有过远大理想，但后来发现前路不清，也就慢慢回到小日子中了。

在恩师伍新春身上，我看到了另一种可能。他年轻时就心怀家国教育理想，为了给自己的理想找个锚，他私下以"朱皮"勉励自己——朱指的是我国著名心理学家朱智贤，皮指的是发展心理学大师皮亚杰。此后几十年，伍老师一直在心理学和教育领域耕耘，偶尔彷徨时，就会想想若是"朱皮"两位先生，他们会如何做。如今，伍老师早已桃李满天下，更是身体力行参与推动了我国教育事业和心理健康事业的发展。

我们在寻找人生目标时，不妨以榜样之眼自观。这如同身处困境中的王阳明，常思"如果圣贤处在我现在的处境下，会怎么做？"，通过问自己这个问题，他不但找到了活下去的方法，更找到了活着的意义。

早追问，并在优势和热情中感知人生目标

在私塾，蔡志忠老师曾分享过自己是如何找到人生路的，最令人惊讶的在于一个"早"字。

老师自小听了不少《圣经》故事，每位《圣经》人物都有自己的一套绝技。例如，诺亚会造大方舟；摩西能将拐杖变成大蛇，能分开红海，带领犹太人从埃及回到以色列……[15]三岁多时一天，他冒出个问题："我会干什么呢，我这辈子到底要干什么？"他日日思索，直到有一天，通过父亲送的小黑板，他发现自己有画画天赋，于是他在四岁半就立志，"只要不饿死，我要一生一世永远画下去，一直画到老、画到死为止"[15]。而今，古稀之年的蔡老师早已成为蜚声中外的漫画家，每次拿起画笔，老人家依然如赤子般专注和愉悦。

老师提醒我们，要尽早自问，"我这辈子要达成什么？"，并有意识地去发现自己的优势和热情。

在品质、魂魄与坚持中遇见人生目标

我在即将迈入 30 岁时，经历过一段精神的重启，唤醒我的是和君商学院和王明夫先生。

先生的智慧、人情原乡的情怀、理想主义的精神自不必说，我光是初读他写的《和君商学院愿景》就十分神往，"校园、荷塘、图书馆、钟声、礼仪、教学、校风、师生情谊"跃然纸上，同学们心心念念，不禁以为这校园就在世上某个地方。

毕业十年，和君愈加盛开、气质卓绝。最令人惊叹的是，梦中的校园在先生一天天的守望和劳作中竟成了现实。过去这些年里，他每年有 300 天以上都身处远离都市的赣南山区，提锹刨土、扛水泥搬砖，筚路蓝缕，从无到有垒起了家园——和君教育小镇。

记得在我们那届的毕业典礼上，先生动容地说道："人的一生总要干一件漂亮的事儿，如果同学们也想，就谨记品质、魂魄、坚持三条吧。"

人们找到人生目标的机缘似有不同，又内在一致。回望这些师者，我发现他们都有一些共同之处：

首先，他们都是"Think big, think long"的。所谓 big，是说视野之宽、格局之大，这不是一般意义的想做大事，而是心怀一种自我超越感，去做"Something bigger than self"。所谓 long，是指长期主义，一旦立志，不求数年之功，而是以十年、二十年为限，甚至直指一生。

其次，不空谈。实际上，在他们确定人生目标前，常常专注于打造某种产品，或是用心服务某群人。渐渐地，他们受到了某种召唤，渴望将产品变成灵魂作品（例如，蔡老师的国学漫画、王明夫先生的和君商学院），将被服务者始终装在心里（例如，以帮助大山里的女孩通过读书改变命运为己任，老师用心指点弟子），由此，心中浮现出人生目标。

再次，尊重内在的声音。事实上，或许很多人内心也冒出过渴望的声音，想去创造某个东西、服务某群人、从事某项事业，然而，匆忙的日常令我们忽视了这种声音，更有甚者，外界的压力让我们害怕听到答案——例如，"太可怕了，我怎么会想去教书或回去振兴乡村，还要不要搞金融赚钱，做互联网拿股票了？"。这时，我们必须提起内心的一念觉察，去除杂音，尊重内在的声音。

最后也是最重要的，是一刻不停地行动。如果暂时没有大目标，那就不断给自己制定小目标，让自己行动起来，在过程和结果中获得反馈。通过"行动—觉知—再行动"的循环，终有一天，人生目标得以浮现。事实上，师者并非天生就知道人生目标，即便知道了，也很难一下明白该怎么干，但他们清楚，什么都不做，是不会有答案的。

04 用 OKR+WOOP
进行目标管理

上面谈到人生目标，类似的概念有使命、愿景、长期战略等，它们共同蕴含着一条原则，就是一个人要看长远。然而，很多时候，我们并非不看未来，而是眼前的忙碌与心中的未来脱节了，而 OKR 正是解决这一问题的利器。

OKR 的神奇效果最早体现在企业经营管理领域，从一段往事可见一斑：1999 年秋，在硅谷一家冰激凌店楼上的会议室中，风险投资人约翰·杜尔（John Doerr）为谷歌公司创始团队讲授了 OKR。此后 20 多年，OKR 作为一套管理方法，推动了谷歌的发展，谷歌创始人拉里·佩奇曾说，"OKR 帮助我们实现了 10 倍速增长，帮助我们把'整合全球信息'这一伟大使命变得触手可及"[16]。

OKR 是一套设定和管理目标的方法。而在约翰·杜尔推广给谷歌之前，OKR 最早盛行于英特尔。英特尔前 CEO 安迪·格鲁夫在德鲁克目标管理思想的基础上强调，对于目标管理系统，有两个问题至关重要[16]：

> ▶ 一是"我的方向是什么，我要去哪儿?"，这就是目标。

> ▶ 二是"如何判断我做到了还是没有做到?"，这就是关键结果。

如今，OKR 也已被引入国内，字节跳动、阿里巴巴、百度等知名企业都在实践这套神奇方法。事实上，OKR 不仅适用于公司管理，而且适用于个人。

如何让眼前的忙碌，具有指向未来的意义和价值

当我们一边谈论着使命、愿景、战略，一边忙碌着眼前任务时，似已对此习以为常，内心却可能感到苟且和荒谬。那么，如何才能令二者不脱节呢？

要解决这个问题，需强烈意识到"时间周期"的限定：

- ▶ 使命，对应的时间是超长期，乃至一生。
- ▶ 愿景，对应的时间起码是 10 年以上。
- ▶ 战略，对应的时间常常是 3 ～ 5 年。
- ▶ 任务，对应的时间就是手头、眼前。

不知道你发现没有，很奇怪，人们常谈论的，不是眼前，就是遥远的未来。事实上，从眼前到未来 1 年间的时间周期（可称为"近期"）非常重要，只有对其充分重视，并以此连接未来和眼前，才能使眼前的忙碌，具有指向未来的意义和价值。

图 5-5 清晰展示了 OKR 在整个目标管理体系中的位置，它牵引我们回答的正是"近期，我究竟要达成什么目标，并以什么关键结果来衡量"。与孤立的年度或季度目标不同，OKR 连接了当下与未来，帮助我们不忘初心，时刻将任务、结果和价值统合在一起，避免陷入单纯的任务或指标。

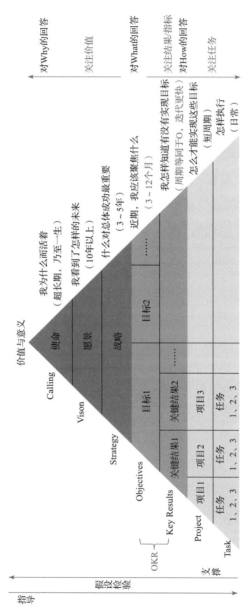

图 5-5 OKR 与整个目标管理体系

需要特别注意的是各层面目标之间的联动关系：长期目标为短期目标提供"指导"方向，而短期目标"支撑"了长期目标的推进，至于长期与短期，则是个相对概念。举个例子，拿项目/任务与 OKR 之间的联动来说，当认为一个项目或一些任务值得做时，其实背后隐藏着这样的"假设"，我们认为这项目/任务如果能做好，将有助 OKR 的推进。逐层去想，所谓使命，也是对实现价值与意义的假设，而对价值与意义的确认，则是一场持续的探索，是在一次次和世界相拥、互动的过程中，与自己内心最深处的对话。

这里要强调的是，各层面目标都只是"假设"，它是否恰当和靠谱，除了我们的主观愿望外，还需不断通过现实行动来检验。因而，要想发挥 OKR 的威力，就需要勤复盘和迭代。

每一次复盘，都是重新审视包括 OKR 在内的各层面目标的机会。通常，复盘会以长期目标为牵引，迭代以 1 年或 3 个月为周期的 OKR。同时，复盘也会再次审视长期目标，看是否有必要做出调整。当然，有时我们尚无清晰的长期目标，在此情形下，制定并迭代 OKR 可直接以价值为导向，不断探寻"我这个 OKR 有什么价值？"，或直接以意义为导向，不断追问"这个 OKR 发挥了我的什么优势或热情，它真的是我很想干的吗？"。随着 OKR 的推进，这份探寻和追问将不断促使长期目标清晰起来。

关于 OKR 的制定，我想举个自己的例子。

我是 2021 年辞职回家的，朋友们表示意外："放着大厂高薪，干吗不干了？"事实上，我做出这个决策并不难，因为我的长期目标是支持更多人发现与实现自我。自工作以来，我对此有过很多思考，但无论在咨询公司，还是在互联网大厂，满负荷的工作节奏都使我没有充足时间去仔细梳理、形成作品。在迈入40岁的门槛前，我越发焦虑，如果继续日复一日这样工作下去，那么长期目标只可能一直存在于未来。于是，我果断递交辞职信，并为自己制定了未来一年的OKR：

▶ 年度O（目标）：完成一部以不确定时代下职业人的成长及发展为主题的作品。

▶ 年度KR1（关键结果1）：作品须体现鲜明的个人观点，并有文献支撑（内容的内在质量）。

▶ 年度KR2（关键结果2）：作品须获知名出版社的出版（内容的外在评判）。

同时，我还细化了季度OKR，例如，2021年第四季度的目标之一：

▶ 季度O：拿到知名出版社邀约，并顺利签订合同。

▶ 季度KR1：高质量完成本书的大纲和样章（这是与出版社洽谈的基础）。

▶ 季度KR2：通过朋友引介，联系至少5家出版社（有高质量连接，才会有转化）。

▶ 季度KR3：与每一家出版社深度沟通（以获得对方详

细反馈为标志），基于此，持续修改和推进沟通，直
到拿到出版邀约。

说到这里，或许有人会问："你过去这一年，就这一个目
标吗？"

是的，过去一年，我做了不少事，但重要目标的确就这一个。

未来一年，你究竟有多少个目标

你有没有过这样的经历，年初充满期待地制定了一堆目
标，比如：

- ▶ 获得晋升。
- ▶ 成功瘦身。
- ▶ 读完 50 本好书。

没多久又加了几个目标，半年后却觉得事情怎么那么多，
心想还是先把工作做完吧，到年末一看，忙了很多事，目标
却仍在纸上。这似曾相识的场景是一个怪圈：不断列目标，
不断忙事情，第二年，带着悔恨之情，又继续列目标。

事实上，对我们的成长、发展来说，很多事都只是锦上
添花，或者说没做挺遗憾，做了也不足以带来大改变。我们
真的不需要那么多目标，一年下来，如果能扎扎实实干成极
少几件事，就很了不起了，甚至可以说，最重要的事只有一
件。OKR 的关键原则，正是"聚焦"。

那么，如何从很多目标中选出一个或几个呢？

当然可以靠抓阄选出来，或是硬砍掉几个，但真正有效的做法，是找到第 2 章中提到的"杠杆解"。我们应沉下心来自问："接下来一年，达成什么目标，将会给我的生活带来重大改变？"如果你拥有长期目标，哪怕还不确定是人生目标，也不妨问自己："在通往长期目标的路上，未来一年，我应将什么视作里程碑？"

还是拿我来说，这本书就是未来的"杠杆解"。先不考虑其他，单看作品本身，对我就很有价值。第一，靠谱的长期目标，需要以系统思考为方针指南。如果我把支持更多职业人发现和实现自我看得意义深远，那么用心的写作及过程中的阅读、交流，就显得很有必要了。第二，作品本身会说话，它会代表我走遍天涯海角，连接有缘人。第三，我可以借此机会输出内心的想法。

在筛选目标或使其聚焦时，除了找"杠杆解"，还需考虑自身是否发自内心地渴望实现这一目标，这将决定我们整个人的状态，能否经由该目标被激活，能否在行动中拥有持续的动力。这就是 OKR 的又一原则，"激励人心"。

顺道说下，OKR 目前在有些公司被误用，很大程度上是因为它违反了这一原则，导致员工感到内卷、倦怠。可以说，没有"激励人心"特征的 OKR，是假的 OKR。

设定了聚焦、激励人心的目标，接下来，即是全力以赴。除非有重大迹象表明目标需要改动，否则它便是任何情况下都必须拿下的山头。

用 WOOP，拿下这个山头

明确拿下哪个山头，是取得胜利的前提，但拥有目标与达成目标之间的距离多远呢？

不少成功学的图书声称，想象自己已达成目标，就有助于达成它。要瘦身，就想象自己已瘦下来的样子；想加薪，就想象钱包在变厚。但这样真的有效吗？

心理学家对此进行了研究。一组学生被告知，请乐观想象下周事事顺心的情景，如考了好成绩、聚会很开心等；另一组学生则被要求，不带倾向地想象下周。一周后，那些想象乐观的学生反馈，过去一周的投入程度不足，且越觉得投入不足，做成的事就越少。结果令人吃惊，仅仅几分钟的乐观想象，就足以让人泄气，并影响到了随后一周的行为表现[6]。另一项研究发现，想象考试拿 A 的同学，反倒考分最差，这意味着想象目标达成后的结果，甚至比什么都不想象更有害[1]。这凸显了朴素的道理：让人成功的，不是目标本身，而是拥有目标后的行动。

那么，"想象目标已达成"真的毫无用处吗？

加布里埃尔·厄廷根（Gabriele Oettingen）教授通过一系列研究证明：如果将"想象目标已达成"，与"想象中看到阻碍目标达成的现实挑战"组合在一起，即前面提到过的"心理比对"，就会带来惊人的效果。例如，请 4 组实验对象想象当前的最大目标，并评估目标达成的可能性。然后，每个人写出 4 个有关目标达成的乐观词，及 4 个消极的现实关键词。

研究者请其中一组想象 2 个乐观的未来情景，之后想象 2 个消极的现实关键词，并让思绪在二者间转换。另外 3 组，一组只想象 4 个有关目标达成的关键词，一组只想象与现实有关、阻碍目标达成的词，最后一组是"逆序对比组"，即先想象现实阻碍，再想象目标达成。结果表明，后 3 组的做法对动机提升和目标达成，没有什么用。而在第一组中，对于那些一开始觉得有机会成功的人，"心理比对"会令其干劲和投入程度显著提升，进而采取行动，促进目标达成[6]。

这表明，对行动及成功来说，"心理比对"非常有用。

"心理比对"使人看见渴望的未来，也觉察到现实的阻碍，从而提前做好为达成目标而行动的准备。那么，能否进一步调动自己，一旦阻碍出现，就立刻清楚该如何应对呢？

到目前为止，解决这个问题最好的办法叫"执行意向"，由厄廷根的丈夫，心理学家彼得·戈尔维策（Peter Gollwitzer）提出。他认为类似"我今年要瘦身十斤"这样的表述是"目标意向"，只说明了达成目标的过程的终点是什么，却忽视了一个好计划的关键组成，包括：何时开始行动，在哪里行动，如何行动，以及持续多长时间等。

"执行意向"，指的就是使用"如果……那么……"的形式来进一步制定目标，即"如果出现情况 X，那么我就做出 Y 反应"[1,6]。例如：在"我今年要瘦身十斤"的基础上，增加"如果过了晚上八点，我就不再吃东西了""如果同时有电梯和步梯，我就不乘电梯而走步梯"等。

研究表明，"执行意向"有助于人制定目标、坚持目标，并能帮助人控制内心状态（如焦虑、压力等负面情绪）[1]。但也需要意识到，"执行意向"如同提前设置的心理指令，一旦某种情境或信号出现，人就采取某种行动，这是一种达成目标的策略，但其有效性在本质上也是个假设，要对此有所觉察并不断复盘。

厄廷根与戈尔维策发现，"心理比对"与"执行意向"有互补性，于是将其合二为一，发明了 WOOP 思维工具。大量研究证明，相比单纯的"心理比对"或"执行意向"，WOOP 对于目标达成有更大威力[6]。未来，当想要实现某个目标时，你也可以采用 WOOP：

> ▶ W：愿望（Wish），确定你内心想要实现的愿望。

> ▶ O：结果（Outcome），自由想象实现愿望后的最佳结果。

> ▶ O：障碍（Obstacle），想象在实现愿望的过程中可能遇到的障碍。

> ▶ P：计划（Plan），思考一旦遇到这个障碍，你会采取什么有效的行动，并制订一个"如果……那么……"的计划。

要注意的是，想到障碍时，人们往往会向外寻找，把"罪名"扣在外部条件或其他人头上。然而最需要做的，是找到真正的内部障碍，防止我们在追逐梦想的路上自己绊倒自己[6]。

WOOP 练习很简单，在夜深人静时，上班路上，或是等待中的无聊时刻，都可练习。它不但可以用在职业发展方面，用在生活其他方面同样有效，3 年前，我就曾借助 OKR+WOOP，在 3 个月内成功瘦身了 25 斤。

祝愿你能拿下眼前的关键山头，从而推动长期目标进入正向循环。

05 行动指南：
"目标引领"的每日功课

"视己为人"意味着，一个人要主动探索去哪儿、为何去、如何去。

从职业目标到人生目标，越是在不确定的环境下，越需要心有方向，且意识到路不是单纯规划出来的，更是走出来的。

从自身特点出发，把为他人或世界解决一点问题、创造一点价值作为落脚点，持续行动、复盘反思。这既是一个被目标引领的过程，又是不断迭代、确认目标的过程。

图 5-6 从行动指南的角度，给出了供参考的每日功课。

在电影《非诚勿扰 2》中，病重的李香山在临终前为自己开了个追悼会，他含着泪说，"自己总是那么忙，忙着挣钱、忙着喝酒、忙着处理感情危机，把大好时光全忙活过去了"。这一幕令人触动，我不禁想："人生就为活个无怨无悔，如果站在生命尽头往回看，我要怎么走过这一生？"

对应小节	底层问题	每日省思与行动
01没有目标，你哪儿也到不了	**觉察：我是否有自己的目标**	・我要达成什么 ・为什么要达成 ・如何达成
02现在，发现你的职业目标	**发现：我的职业目标是什么，我如何验证它是否靠谱**	・初级职业目标：我的职业目标中是否考虑到了自己的优势、热情和其他需要，同时考虑到了市场/环境因素 ・迅速检验目标：我是否想象到了目标达成后的样子和过程中的可能障碍，且可控、小成本、快速地试水
03在持续不断的探索中看见人生的北极星	**探索：我的人生目标或长期目标是什么**	・我是否意识到了寻找人生北极星的重大意义 ・我是否尝试超越自我，去试图解决一些重要问题 ・我是否在持续行动，而不是陷入空想
04用OKR+WOOP进行目标管理	**管理：我如何管理和推进自己的目标达成**	・我是否经常复盘反思长短期目标间的关系 ・我的目标是否足够聚焦目标激励人心 ・我会主动采用"心理比对"和"执行意向"，来帮助达成目标吗

图 5-6　"目标引领"的每日功课

　　其实我们清楚，自己常常不是忽视目标，而是看不清目标。觉察到目标的重要性，却又被烟火人生的迷雾笼罩，从而更加纠结。即便我们在夜深人静时愿意不断追问"我要去哪儿？"，也未必能找到答案。

　　我很喜爱《我不是药神》这部影片，当双眼随着片尾曲的声音湿润时，我似乎发现了解答上述问题的某种诀窍，那就是：以一个真实的人的样子行动，持续不断地随着心的体验行动。

　　主人翁程勇，靠卖印度神油勉强过活，每天蓬头垢面，打打游戏、抽抽烟，人到中年，却活得窝窝囊囊。生活变化的节点始于倒卖印度仿制药，事实上，程勇这样干，是被现实逼的：交不起房租，老父亲要做手术，就连孩子也快被前妻完全夺走。面对生活辛酸，程勇没有躺平，既然心被现实戳中了，那就随心而动——搞钱。进货价500元一瓶，卖3000元一瓶，钱就这样来了。但这依然给白血病人送来了福音，因为正版药卖4万元一瓶，而这仿制药虽被定为假药，效果却一样。

　　虽然最初卖药就是为搞钱，但客观上助人竟使程勇拥有了团队和拥趸，搞得跟创业开公司似的。病友变为伙伴和同事，心被友情戳中、被做一番"事业"的激情戳中，他继续随心而动。直到被人威胁，若不交出代理权，就举报并让其坐牢。作为一个正常人，程勇会害怕，于是，他拿着钱又回到了平淡生活，办个小厂，过小日子。

但注定属于一个人的事情终会来到。一年后，程勇认识的第一位白血病人朋友因缺药而割腕自杀，还好抢救下来了。面对朋友妻子的哀求，看着朋友的眼神，程勇再次听随了心，动身去印度帮朋友买药。但一切太晚，朋友不幸病逝，在朋友家里送别时，程勇低下了头，走出房门，走廊上无数双白血病病友的眼睛望着他，他似乎用了一生的时间才走过了这条走廊。那天之后，他决定继续卖药，不为赚钱，不为朋友，就为了这群人能活下去。有时我会想，一个人之所以找到了使命，或许不是因为他选择干某件事，而是因为这件事选择了他，而他听随了自己的"心甘情愿"而不得不干。

片尾，程勇坐上囚车，阳光洒进铁笼，道路两旁的病友纷纷摘下口罩为他送别，程勇泪流满面，但内心春暖花开。

目标很重要，我们说过，要思考，要复盘，要迭代，但若问我哪一点最重要，我会毫不犹豫地说，不停地随心行动下去最重要。只要不躺平、不麻木，就算一开始只是想挣点钱，在行动过程中，生活也会推着我们一点点看清目标、遇到使命。

祝愿每一位"视己为人"者，在行动中发现目标，被目标所引领。

PART

3

第 三 部 分

改 变

第 6 章

职业身份与命运
从打工人的境地走向更广阔的天地

大多数人对职业发展的理解是"找个班上""好好上班"，悲喜皆在其中。曾经，昇畅也如此，她努力在打工人的阶梯上攀爬，但在经历过职场的浮沉后，她渐渐意识到，要想真正掌控自己的命运，不能完全依附于企业组织。

打工不可怕，可怕的是如无根浮萍；打工可以很香，如果做这份工作让你感到眼前愉快，未来也有光亮。

在打工人阶梯上
攀爬的秘诀与天花板

2022 年 6 月的最后一天，老王在送别本团队最后一名员工后，自己也拖着行李箱，走出了办公楼，他刚度过自己在这家公司的第 7 年，而今天，是他在这家公司的最后一天。

看着园区的草坪和河边那棵树，老王很感慨，曾经，他和兄弟们在这儿散步、头脑风暴、构想未来。在这里，他们帮助公司突破了用户日活数的第一个千万大关，自己也顺利晋升为资深总监，得以组建团队探索公司的第二曲线，在这里，他由小王变成了老王。但此时，这个行李箱令他感到仿佛回到了 14 年前。

2008 年全球金融危机时期，小王还很懵懂，只是电视中反复播放的雷曼兄弟倒闭画面，以及员工抱着纸箱走出摩天大楼的样子，让他对前程有些担忧。果然，不少企业把招聘会搞成了雇主品牌活动，来是来了，但招聘人数骤降。临近毕业，小王打算先到中关村卖电脑做个过渡。3 个月后，一次巧遇让他加入了一家做软件开发的公司。小王倍加珍惜这个机会——打从农村考到北京，家里就一直希望他能有个稳定的班上，在这个城市扎根下来。

小王真是起早贪黑，把部门的杂活儿全包了，同时还抓住一切机会学习编程，因为他知道自己在学校学的东西远远不够。果然，3 年后，随着智能手机普及，稍懂点代码的人就被市场疯抢，部门老大带着他高薪跳到一家互联网大厂。在这里，小王完成了职场的第一次飞跃——作为较早掌握安卓开发的工程师，他开始指导其他员工，并承担了与产品、运营的跨团队沟通工作，次年，他在大厂顺利晋升为主管。

2015 年，在"大众创业、万众创新"的鼓励下，创业公司如雨后春笋，小王也从大厂来到小公司，成了经理。他拿着公司期权，幻想着一朝上市，自己就少奋斗十年。事实上，他们后来真的敲钟了，不过已成为老王的他并没有赚到什么钱，原因是还没等股票变现，中概股就遇到了暴击。

老王的状态并未因此受太多影响，仍一心扑在工作上，但他

发现，自己的职业生涯似乎碰到了天花板。先说晋升，资深总监
再往上，就是事业部老大、公司副总裁，一眼看去，这一层要么
是不世出的天才，比如科学家或商业大牛，要么就是跟随老板打
天下的元老，看看自身，他显然不够格。所以老王不想晋升，而
是想怎么做好业务。孵化新业务需要大量资源，但是每当数据稍
不好看时，老板就会犹豫，加上市场环境不好，这成了个"自我
实现的预言"。终于，很多迹象表明，这个新业务搞不起来。于
是，老板开始收缩战线、准备过冬，第一个动作就是借着当年全
行业都在裁员的"东风"，让老王和整个团队的同学都"毕业"。

打工人的成长密码

老王是千万个我们的缩影，出身普通，来到都市，通过
打工奋斗，从山鸡变凤凰，却仍免不了败给了现实。但很明
显，老王也是佼佼者，他通过十几年职业路，向我们展开了
一幅打工人升级打怪成为职场精英的画卷。

对很多人来说，在为老王的遭遇哀叹前，更现实的，显
然是学习：作为打工人，如何获得持续的职业发展呢？

老王能从一个街边卖电脑的人，进阶成为上市公司资深
总监，首先得益于加入一个快速成长的行业。行业如水，公
司和员工都水涨船高。别忘了，2015 年时，老王当时去的只
是家小公司，试想，若非行业爆发，怎么可能几年就上市，
老王又怎么有机会带领数百人的团队？本质上，老王加入的
不是一家公司，而是这个新兴的行业，他先是掌握了行业紧

缺的技能，而后两次跳槽，或获得加薪，或获得更高的职位。

当然，行业如何，普通人常难预判，有时就是看运气。对于成功，运气的作用不可忽视。但我们姑且先排除这个因素，单看身处一家公司，如何才能从新人小白，成长为骨干大牛？

当代最具影响力的管理咨询大师拉姆·查兰（Ram Charan），曾在其代表作《领导梯队》中提出，从员工到大公司首席执行官，需经历六个阶段[1]：

在第一阶段的最初，员工是个人贡献者，如果技术熟练、业绩出色，且合作性好，公司往往会给其增加职责，将其提升为一线经理。这时，员工需学会在完成自己工作的基础上，给其他人提供帮助，这是从管理自我到管理他人的关键跨越。接下来，有人能继续进入第二阶段，管理经理人员。少数幸运儿，能进入到第三阶段，管理职能部门，老王就是其中代表。而靠打工到第四阶段成为事业部总经理的，则属于凤毛麟角。至于第五、第六阶段的更高职位，几乎与绝大多数打工人无缘。

上述划分给人启发，但考虑到各行各业的变化越来越快，架构也趋于扁平，我们需要一种更为简约、务实的划分。基于对上万职业人的人才盘点或测评经验，我将打工人的职业发展划分为四个阶段（见图6-1），分别是：新人期、发展期、瓶颈期、危机期。

通常，工作头两年为新人期，挑战在于能否熟悉社会和职场，尤其是能否安下心来，从小事做起，逐步发挥作用，在团队找到自己的定位。反之，则会陷入迷茫不适。

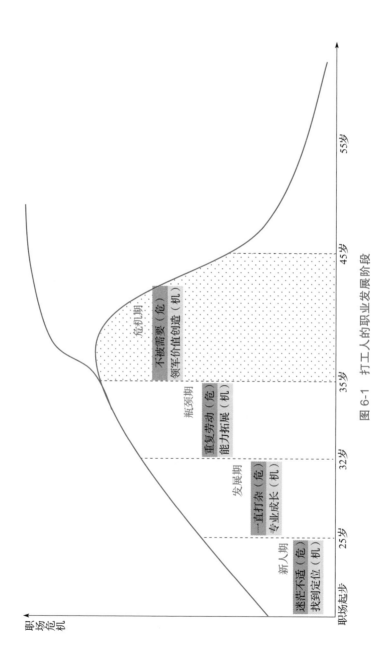

图 6-1 打工人的职业发展阶段

导致迷茫不适的，常是心浮气躁、眼高手低。团队总有杂事，问题是谁来干呢？首选必然是新人，可以说，"打杂"是所有新人的基本工作。如果这时，新人感觉屈才而产生抱怨，那别说职业发展了，他很快会惹人厌，离走人也就不远了。

同时，作为新人，要意识到，打杂不是目的，真正成为团队一分子才是，因此，一定不能闭眼打杂，而要边干边找定位，逐步融入团队。

进入第二阶段发展期，人员开始分化。有人在打杂之余，找到了专业精进处，因而得到快速成长；有人则陷入一直打杂的困境，忙前忙后，长时间下来，似乎还是新人状态。

如果工作多年，一个人还只是起到打杂作用，注定不会被久留。只有做到一技傍身，在某方面做出专业级贡献，才可能进入下一阶段。

职业成长不进则退，但有些人变得专业后，却开始把专业做成套路，掉入低水平的重复劳动。有些工作七八年甚至十几年的老员工，感觉自己成长停滞，这就是遇到了瓶颈期。

那么瓶颈期要如何突破呢？要么是在专业能力上纵向发展，实现质的飞越，成为资深专家、极客等，要么是在业务上横向拓展，发展出新优势，例如从开发人员转变为会编程的产品经理，或是从专业骨干转为团队管理者。一旦机遇来临，这些突破自我的人，就可能作为专业领军者、业务领军者，带领团队创造价值；反之，没有突破自我的人，尤其在进入危机期后，则随时可能被边缘化，甚至"被优化"。

小结如下：

▶ 新人期，关键在于"找到定位"，以便融入团队。

▶ 发展期，关键在于"专业成长"，以便专业化地解决问题。

▶ 瓶颈期，关键在于"能力拓展"，以便解决难题、复杂问题。

▶ 危机期，关键在于"领军价值创造"，以便真正推动企业发展。

这些是各阶段的关键门槛以及跨越门槛所需的条件。能力是基础，但只有将能力转化为业绩贡献、上级和同事认可，才能实现职业发展。例如，新人期的融入，意味着打杂和完成好指派的工作（没错，这就是这一时期的业绩贡献），还意味着得到上级认可，同事也愿意带着一起玩。又如，发展期的专业化解决问题，既意味着专业能力的提升，还意味着有办法获得上级支持、赢得同事的合作意愿，并最终做出业绩。

常有人问，如何拿到高绩效、高奖金，或获得晋升，可以说，上面这些就是打工人的成长密码。

老王的幸运，受益于行业选择，成就于自我奋斗，从而使他能跨越各阶段门槛。但除此之外，还与两方面分不开：一是岗位的重要性（岗位也属于赛道选择），要知道，在移动互联网大开发时代，程序员不可或缺，甚至在不少公司就是皇冠上的钻石；二是跟对人，只有这样才能得到更多施展才华的机会。在很多公司中，打工人愁的是没机会干能出彩的活儿，担心年底述职的 PPT 里只有流水账、无亮点，这愈加体现出跟对人的重要性。

打工人的天花板

老王很成功，却也不幸。因为只要是打工人，必会遭遇天花板。

从职位来看，这个天花板就是核心管理层，因为这一层级靠打工很难进入其中，除少数能力极强或能带来重要资源的人外，本质上都是当年和老板一起打天下的，可以说他们也是创业者。

天花板不仅意味着坐不上那个位子，而且意味着进不了那个圈子。圈内圈外，情感联结和信任深浅大有不同，因而获得的支持多少及犯错时被容忍的程度大小也区别巨大。例如，如果换作老板的创业兄弟来做老王带的新业务，很可能会得到更多资源和更大程度的容忍。

然而，打工人的不幸，不但来自天花板，更严重的是，公司可随时请人走。其实站在老板角度想想就能理解了，他也承担着巨大的经营风险，当员工不能做出足够贡献或公司发展受阻时，请人离开，似乎也合情合理。事实上，我们都很难期待在一家公司打一辈子工，何况三五年后这家公司是否还存在都很难说。但是，作为打工人，我们又该怎么办呢？

02 除了打工，
我们还能干什么

萝卜一枚，求坑

绝大多数人的惯性，除了打工，还是打工。

假如不幸被裁员，人们自然的应对措施是，赶紧投简历，找下家。然而，如果不冷静下来，深入认识自我和环境，重新发现自己的目标，几乎可以肯定，这将是从一个坑出来，就马上进入下一个坑的旧循环。朋友圈常会看到这样的信息，"萝卜一枚，求坑"[○]似乎就是这一惯性的表现。

在经济快速上行时，这样做似乎无可厚非，然而，当不少企业都在裁员时，即便有人说，别的我不管，就想求个坑，也很不容易了。

打工的第一性原理

那么，除了打工，我们还能干什么？要想回答这个问题，需要先理解打工的本质。

事实上，打工是将自己的时间出卖给公司这个单一大客户，并换取金钱、经验等的过程。好处是相对稳定、不太操心，只要解好公司和上级出的题就行。

○ 求职者将自身比喻为萝卜，将职位机会比喻为坑。

但它有几点不好：

▶ 一是，除了个别行业从业者或公司高管，大部分打工人提供的是"零件性价值"，因而回报不高，且"手停口停"^㊀。

▶ 二是，持续解这个单一大客户出的题，令打工人的思维方式很难跳出"螺丝钉"的框框，并且除销售等少量岗位，打工人不需要去建立更广的社会关系，这进一步加深了个人对公司的依赖。

▶ 三是，看似稳定的打工生活潜藏一大风险，那就是一旦这个单一大客户抛弃了我们，例如优化、集体裁员等，打工人立刻会陷入危机。

▶ 四是，即便没有被抛弃，由于这潜在风险的存在，也会使不少打工人过得提心吊胆、唯唯诺诺。

打零工、兼职和自由职业

显而易见，不幸的源头，首先在于打工人对公司这个单一大客户的过度依赖。于是人们很容易想到，能不能给自己多找几个客户？

当然可以，有人马上想到兼职，如：开网约车、送外卖、帮人看店、练摊，或接一些零碎活儿。然而，这些事更像是

㊀ 指没有工作就没有饭吃。

在全职工作外进一步榨干自己来换点钱，单位时间回报不高，且很难积累高价值客户。可以说，这并非人们向往的兼职，更非后面谈的自由职业，姑且称之为打零工。

不同于打零工，高价值的兼职须具备三个特点：

▶ 拥有自己的优势技能，这也是这种类型的兼职的大前提。考虑到时间精力的有限性，这样的兼职常是主职工作上精进努力后技能的溢出，而非 996 之外换个地方继续搬砖。

▶ 运用优势技能跨场景兼职。但前提是与公司利益不冲突，这样才无后顾之忧。举例：程序员业余可讲授技术课、给朋友做项目等，但绝不能去给公司的竞争对手提供咨询。

▶ 需要将优势技能转化为被广大市场认可的"交换性价值"，而非依靠关系做一单，只有这样才能确保超越于某个单一客户。

随着技能提升且拥有更多客户，兼职者在能持续提供"交换性价值"后，终有一天会发现，兼职收入竟超过了主业。于是，有人会考虑结束打工生涯，成为一名自由职业者。

相比同段位的打工人，提供"交换性价值"的自由职业者，收益更大，生活状态也更灵活，代价则是失去了稳定性，而且多了几分操心——每天一睁眼，就不得不问自己，"有更多业务机会吗？新客户在哪里，老客户还找不找我？"。同时，与打工人一样，自由职业者也尚未摆脱"手停口停"，他们干一单是一单，很难享受到复利。如果说打工人的职业命运好比图 6-1，那么自由职业者的生活就如同一系列的散点（见图 6-2）。

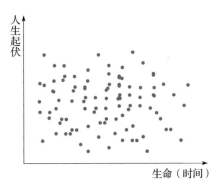

图 6-2　自由职业者的人生隐喻图

副业的正确打开方式

近几年，副业成了一个网络热词，并与兼职一词混用。在我看来，"副"与"兼"都是与"主"相对的，都是在打工之余干的，但是，副业再小也是"业"，兼职再大也是"职"。

兼职只是从给一个客户打工，到业余再多找几个客户。然而，除了客户单一，困扰打工人的魔咒是必须出卖时间才能换到金钱。因此，我认为，判断一个人是不是在做副业的关键，是看他是否找到了破除这一魔咒的道路。正如硅谷著名创业者和投资人纳瓦尔所说，"追求财富，而不是金钱，财富是指在你睡觉时仍能为你赚钱的资产"[2]。只有找到形成"睡后收入"的办法，打工人才能破除魔咒。打工不易，因此充分利用主业外的时间，少搞兼职，多投入副业，意义重大。

那么，如何找到真正的副业呢？

纳瓦尔认为，"要想获得财富，就必须充分利用杠杆效应。商业杠杆来自资本、劳动力（指让别人为你工作）和复制边际成本为零的产品（代码和媒体）"[2]。很明显，普通人很难拥有资本或劳动力杠杆，因此，专注于"复制边际成本为零的产品（代码和媒体）"成了普通人为数不多又行之有效的副业之路、自由之路。

弄清楚判断标准，就很容易知道哪些是靠谱的副业。例如，编写可被很多人使用的软件，沉下心来写本书，或是创作一些歌曲、音乐、绘画作品等，这些东西一旦上架或出版，就能以极低的边际成本供更多人使用，从而获得收益。

有人说，这些事太难，自己做不到。那就写网络文章、拍短视频、制作网课等。要知道，这是互联网时代为每一个普通人提供的便利基础设施，一个人、一部手机，无须更多，只要你能持续输出有价值的内容，就能吸引越来越多的受众，从而将内容转化为财富。

从今天起，不要再只做互联网的消费者——每天逛网页、刷视频、打游戏，而要主动成为一名生产者、创作者。不少人误以为，只有学者、专家、企业家、明星等才能输出有价值的内容或被关注，然而，很多鲜活案例已表明，普通人也能基于自身优势、兴趣，通过写网络文章、拍短视频等获得成功，从而走出打工人的命运循环。

让我来举一个身边人的例子。记得 2014 年，那时我常到深圳出差，忙起来时周末就不回北京了，于是和几个同样关注互联网及新时代管理模式的朋友组建了一个线下沙龙"茶聚智聊"，沙龙激发了大家阅读、交流的热情。后来，我不再去深圳，转战别地，而伙伴们则继续沙龙，其中一个核心成员还常把读书笔记和沙龙心得整理成 PPT，分享到网上。这个简单的动作催生了出乎意料的结果。

随着这位朋友不断将 PPT 分享到微信群、公众号，阅读量持续攀升，他尝试以 99 元打包售卖合集，结果销售收入超过了当月工资。朋友备受激励，后来又陆续开通了网络课程，并改为按 399 元收取会员年费。半年后，累计收到的年费收入超过了他的全年工资，朋友决定辞职开办工作室。时至今日，他早已将副业干成了一份事业，专注于管理类和互联网类的课件、课程、咨询等服务。

你准备好创业了吗

副业再往前走一大步，就可以说是创业了。创业曾是个听起来很燃的词汇如今却透露着一丝含混与尴尬。太多冲动故事，令人提起创业，会误认为是找不到工作或瞎折腾。

事实上，创业是个人在打工之外的重要选择，同时还能为社会创造更多就业岗位，带来更大的社会活力。关键在于，你准备好创业了吗？

客观来讲，创业充满风险。我曾访谈过很多创业者，他们的生活状态可谓"上上下下的享受"（见图 6-3）——从踏上创业路的那天开始，他们就时刻生活在巨大的不确定性中，如坐过山车般刺激。而且，这几乎是一场无限游戏，只要还没走下牌桌，哪怕过程中多么成功，也不可能岁月静好。

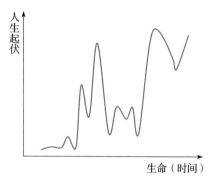

图 6-3　创业者的人生隐喻图

当然，创业，也意味着巨大可能性，一旦走上正轨，收益很高。原因是，相比打工和自由职业，这意味着创业者成功打造了一套自运转系统，为社会提供"系统性价值"。

打造自运转系统，带来"睡后收入"，是副业和创业的共同特征，区别在于前者是主业外的探索，且可利用的杠杆不多，如代码和媒体，而后者需要更高投入度，甚至 All in

（全押），使用的杠杆也更多。靠谱的创业者至少需要具备两个条件：

> ► 一是，洞察到了某种社会或群体客户的需求，并拿出了产品或服务解决方案，这意味着创造了价值且有人买单。
>
> ► 二是，综合使用多种杠杆，除了代码和媒体，还有劳动力杠杆、资本杠杆等，这推动了规模化增长。

自运转系统，是创业走上正轨的标志。从这个意义来讲，自己开个服装店、奶茶店，不能叫创业，只能叫自由职业或个体户，除非目标是复制出多家店，建立自运转系统。其他形态的自由职业者如果志在创业，其关键也在于自运转系统的打造。

最后，在企业界，有一种特殊的存在，它们买卖股票、房产等，被称为专业投资机构。而普通人如果有了富余资金，也可考虑将之作为资本杠杆，用于买卖股票、房产，这既是投资行为，实质上又无异于一种创业，需要谨慎而果断。

小结：全职打工者、自由职业者、创业者，三种职业身份的对比

不同职业身份的核心区别在于生存之道的不同（见图6-4）。

至于兼职，可视作打工与自由职业的中间态，副业则是打工和创业的中间态。

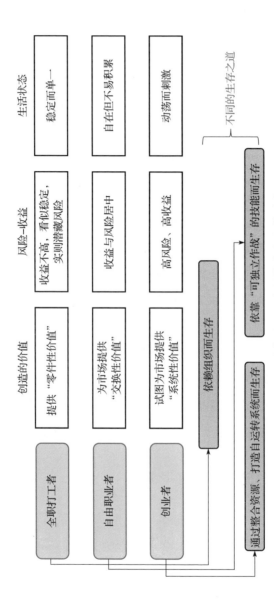

图 6-4 三种典型职业身份的生存之道对比

03 普通人升级打怪的
有效进阶路径

人生无完美，三种典型的职业身份各有利弊。然而，实际情况是，尽管打工有千般不好，但对绝大部分出生平凡的普通人来说，职业起点有且只有一个，就是打工，而终点则可以二选一——低风险的创业或高价值的自由职业。

打工对普通人改命意味着什么

什么是普通人？无家底、无人脉、无超能力，简称"三无人员"，可谓彻彻底底的小白。

若一个"三无人员"贸然创业，则必败无疑，轻则潦倒，重则深陷债务泥潭。或许有人会细数盖茨、扎克伯格等人从大学退学而后成功创业的例子，但事实上，他们都非"三无人员"，假如有人也从哈佛或北大、清华退学创业，且出身于富裕中产家庭，我们当然不反对他的激情创业。还有人会想到俞敏洪、刘强东的逆袭人生或周围白手起家的小老板，因而点燃创业热情，但假如他们看到了创业者九死一生的超低成功率，可能会多几分冷静。

既然小白创业行不通，那能否选择自由职业？

当然可以，比如，送外卖、清洗抽油烟机、做月嫂，或到工地搬砖、砌墙等。但这显然与很多人向往的自由职业不同，他们想的是自己坐在电脑前，敲敲键盘，钱就会飞来；

或被尊称为专家，做份方案甚至仅聊上几句，就能挣钱。

事实上，以上两类都叫自由职业，前者更常见的是出卖时间和力气（当然，也一定需要相应的技能、经验等），后者多交换的是技能、经验和智慧。但显然，普通人作为"三无人员"，在职业生涯起点，不可能有足够的专业或行业积累，除了时间，顶多加上一纸文凭，再无其他。

创业风险高，干不了，高价值的自由职业也干不了，对普通人来说，就只剩下全职打工一条路了。然而，打工却非长久之计，可以说，打工是为了有一天不再打工。因此，选择一份全职工作的核心标准，不应是钱，而是获得培训和实战的机会，以及站在公司这个平台打开眼界、结交人脉、建立影响力的可能性。简而言之，是能得到成长锻炼。

什么样的工作，能带给我们更有意义的成长锻炼呢？

关于如何选择一份好工作，前面章节已有论述。在此，以长远的眼光来看，作为打工出路的自由职业或创业，其共同点是向客户提供某种有价值的产品或服务。因此，我们普通人在打工的同时，要努力积累下面两个方面的至少其一：

▶ 解决方案侧：让自己具备优势技能，并将其变成产品或服务。

▶ 客户侧：积累潜在客户，并建立信任。

以此为指向，几乎所有岗位的锻炼都可以变得有意义。当然，不同岗位在价值链中的作用不同，很明显，类似写代码、画产品图这样的工种，较容易锻炼出解决方案侧的技能；类似销售、运营的岗位，则更有助于客户侧的积累；而 HR、法务等辅助活动，在价值链中不够突出，但如果人员够专业且有客户意识，也可以找到打工外的出路，例如成为一名顾问或创立专业机构。

反过来，假如把工作干成搬砖、例行公事，那么任何岗位也可能变得毫无意义。我们必须时刻记住：全力以赴，磨炼技能、积累经验、形成判断力，并在工作中树立个人口碑、广结善缘，因为这是改变命运的前提。站在这样的立场上，一个打工人是为公司还是为自己，其实并无二样。

最后，考虑到就业市场的当前状况，可以说，一份过得去的全职工作，正变得越来越稀缺。于是，有两种情况或许是我们要面对的：

一是，能找到工作，但这份工作要么自己不喜欢，要么干的是重复性事务，难给人成长。这该怎么办呢？我的建议是，起码要做到尽职尽责，然后利用业余时间，去学习和掌握一门自己喜欢的且有社会需求的技能，以此为基础谋求新的发展。

二是，如果一时间找不到工作，千万不要躺平，不妨将打零工作为一个过渡，一边养活自己，一边积极学习——所有凭本事、凭劳动吃饭的人，都值得被尊重。

在危机到来前，找到职业生涯的第二曲线

前面说过，任何事物都逃不出"成—住—坏—空"的循

环，管理思想大师查尔斯·汉迪（Charles Handy）更是认为，事物在向上爬升前，会有个向下的投入期，他将整个过程称作"S 型曲线"[3]（见图 6-5）。

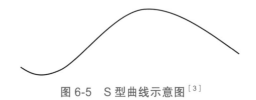

图 6-5 S 型曲线示意图[3]

职业生涯同样遵循 S 型曲线规律，要想逃脱走下坡路的命运，我们需要提前找到第二曲线[3]（见图 6-6）。在第一曲线行至巅峰之前，便可以开始发现新曲线并进行投入。从年龄上讲，理想情况是在 35 岁前找到第二曲线，如果 40 岁之后才开始寻找，也不是不可以，只是难度会越来越大。

图 6-6 第二曲线[3]

打工人的第二曲线会是什么呢？

必然不是换个地方继续打工。要知道，大多数企业招聘都有个不成文的规定，一线岗位倾向于招 35 岁以下的人，经理、总监等中层岗位的门槛是 40 岁，高管岗位或高级人才的年龄限制会放宽到 45 岁，至于年龄更大者，要想找到回报高、有发展的全职工作机会，难度会非常大。

如此看来，打工人最可能的出路，是自由职业或创业。要完成这个转变，有两条路径（见图 6-7）：

▶ 路径一：将兼职作为从打工人到自由职业者的过渡，最终成为一名终身的自由职业者，或继续进化为创业者。

▶ 路径二：直接从打工人进化为创业者，但是考虑到创业的巨大风险，很有必要将副业作为过渡。

其中，路径一中的兼职可以快速带来新收入。同时，从兼职过渡到自由职业，可以是个平滑的过程，这只需满足两个条件：一是兼职带来的收入已能满足个人的生活需要，二是能源源不断地获得兼职客户，换句话说，这份兼职工作具有可持续性。

而路径二，有个长时间的投入期。如果把打工、兼职和自由职业都视作挑水吃的话，那么副业如同挖水井，创业好比建自来水厂，后两者志在打造"自运转系统"，必然需要长期投入。

无论走哪条路径，都有越来越多的人需要超越打工。当职业发展普遍被看作"找个班上"时，我们要带着方向感磨砺自己，争取成为创业者。我们的社会需要有人上班，更需要有人创造"上班的机会"，当我们志在成就他人时，也就找到了自己安身立命的场所。

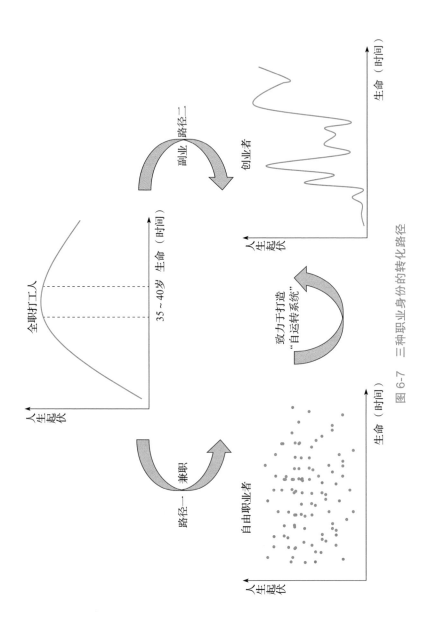

图 6-7 三种职业身份的转化路径

04 一核两翼：
职业发展的驱动力

看见职业命运和走向的大图，是普通人升级打怪的前提。然而，若要令职业生涯生生不息，仅靠认知不够，驱动人真正成长的是三个关键要素：心态定位、能力提升、人际关系。

心态定位：无论干什么，你都必须拥有"创业者心态"

作为曾经的资深打工人和创业者，我一直在思考：是什么将诸多同事在职场上区分成了三六九等？直接原因是绩效、上级评价、同事关系等，但又是什么造成大家这些方面的迥异表现，甚至天差地别的状态呢？

原因或许很多，但有一点至关重要：心态定位。

假如一个人，仅将打工视作赚钱养家的方式，必然选择"给多少钱，干多少活儿"。假如只把打工看成解领导出的题，这或许会赢得领导的欢心，但仅作为领导的手脚，既难获得真正尊重，更难跳出岗位局限，去独立创造价值。

据这些年的观察，我发现那些持续上升的优秀打工人，除了选对赛道和运气好外，最重要的就是：他们表面看起来在打工，实则拥有"创业者心态"。而这种心态的核心特征是，时时刻刻在想，"如何创造更多价值"。

为此，他们首先很尊重自己的热情和优势，因为如果不喜欢、不擅长，就不可能把事干好。反之，碰到不得不干的事时，他们一定会想办法让自己喜欢上这些事，并下功夫迅速掌握相关技能，而不是花时间抱怨。

其次，在工作中，他们往往会不断透过表面发现深层的真问题。他们重视目标，但这是为了创造价值，而不是完成KPI，在其眼中，没有价值的数字就是垃圾。他们尊重企业文化，却不会让自己成为被流程和规矩困住的机器人，而是打破一切常规，创造性地解决问题，甚至主动做命题者，提出高价值的目标或问题。有时我会想，这些人根本不是在打工，他们完全就是企业的主人，哪个老板会不爱这样的员工呢？

事实上，这样的人既能专注于眼前工作，享受当下，又把企业看作自己达成人生目标的修炼场，把打工的过程看作一场场的轮岗锻炼，因而他们多处于一种事事皆成长又不易受伤、"命运操之在我"的状态中。

要想从打工人成长为一名自由职业者或创业者，"创业者心态"更是个必然前提。

我极少见过觉得打工好烦、好不舒服并想要赶紧逃离的人能自己干出名堂。试想，作为员工，干什么、怎么干，既有企业框架的指导，也有自己发挥的空间，如果觉得这都好烦了，那当需要自己寻找客户、自己开发产品时，那便是烦上加烦，只想丢盔弃甲了。

只有一种"烦"值得逃离，那就是作为打工人，感觉手脚被绑得太死，有一些事想做，有一些东西要卖，所以不得不走。事实上，这根本就不是"烦"的情绪，而是想要绽放自我、创造更大价值的能量状态，这种能量会引导我们不断寻找客户在哪里，不断探索用什么办法才能满足客户，于是很自然地转变成了自由职业者或创业者。若非如此，那就只是把在一个地方搬砖，变成了回家自己搬砖。

从根本上讲，"创业者心态"是"视己为人"内核观念萌发后的自然表现，当一个人足够尊重内在动机、相信内在力量时，面对纷繁复杂的职场，必能更坚定地走自己的路，并将价值创造作为目标。

个人要想在不确定的环境中更好地掌控自己的命运，首先要做的就是，从职业生涯的第一天起，就树立"创业者心态"。

能力提升：在发现问题、解决问题中，真正提升能力

如果把心态定位看作内功，那么能力提升就是最重要的一门外在功夫。

能力，从根本上讲，是为了发现问题、解决问题。于是，尽管从路径上说，打工人可演进为自由职业者、创业者，但由于三者所面临的常态化挑战大为不同，因而在能力要求上，不同职业形态间的差异并非在量上，而是在质上。

下面，我们先基于图 3 -1 提到的冰山模型，看看三者分别有什么能力要求，再简要谈谈打工人在向自由职业者和创业者的演进中，如何真正提升能力。

冰山上层的知识技能

对打工人来说，首先需要本岗位相关的专业或业务技能，比如：一个 HR，应掌握六大模块中的一个或多个；而对于一个程序员，能写代码则是必备的技能。其次，还要有一些通用技能，如：时间管理、沟通、外语、办公软件使用等，管理者还需具备团队管理技能。

关于打工人的技能，有两点对职业道路选择很重要。

第一，有些技能较硬，门槛很明显，如英语技能，能不能自由对话或读懂英文专业文献，不存在模糊地带。这些技能往往是某些岗位的招聘硬条件，也成了岗位人员的护城河。而有些技能则很软，比如管理技能，似乎人人都可以对此说上几句。如果一个人擅长这些技能，最好的办法是将其转化为具体结果。能带出一支业绩好、凝聚力强的团队，显然比只能就管理问题夸夸其谈更能体现一个人的管理技能。

第二，有些技能需要岗位人员不断更新，有些技能对应的岗位人员则越老越吃香。前者的典型是程序员，虽然就业起薪很高，但工作强度也高，每隔几年还会出现新技术、新语言，需要人持续学习、不断奔跑，因此年龄一大就可能吃不消。后者的代表是医生、教师、咨询师等，尽管也要不断学习新理论、新方法，但公司和客户更看重他们因经验、案例的积累带来的越来越老道、娴熟的技能。

对创业者来说，这些具体的技能似乎也有用，但只要别太差，就无伤大雅，我曾见过连电子邮件都不会发的老板，这根本不影响他掌管着市值百亿元的公司。创业者需要的技能是：产品打造、营销、商业模式、投融资、团队构建等。我个人认为，其中最重要的是产品打造和营销，要么能做出好东西，要么能把东西卖出去，创业者起码得会一样。话说回来，MBA 教学里似乎也设置了这些课程，但很显然，这些技能是实战出来，而不只是课堂上听来的。

冰山下层的深层能力

再来看看冰山下层的深层能力，工作情境中的能力有四个维度：

- ▶ 内驱力：它决定了你想不想干事，以及为什么想干。
- ▶ 判断力：它决定了你能不能把事情想明白，并抓到重点。
- ▶ 行动力：它决定了你能不能身体力行、落地推进，以达成目标。
- ▶ 凝聚力：它决定了你能不能影响和领导他人，并与他人共事。

从内驱力看，优秀打工人的特征是，具有责任心、敬业心，还要认同企业文化、相信企业战略、热爱岗位等，如果一个员工能做到开拓进取、挑战不可能，那简直堪称卓越。然而，仅靠这些并不能让一个人成为创业者。

我接触过不少创业者。有些创业者只想赚钱、改变命运，有些则胸怀使命和梦想，声称"活着就是为了改变世界"，也有些痴迷于某个产品、某项事物，想做得越来越好，还有些屡战屡败，屡败屡战，将创业视为生活。看起来，创业者的内驱力多种多样，但有一点高度一致，就是都对发现和解决现实问题饱含热情。他们根本不在乎条条框框，岗位职责、流程安排等是他们用来要求员工的，而对自己则只有一个目标：解决问题，或是创造某种东西，让某群客户喜爱。

当然，创业者还时常受到恐惧的驱使。记得2014年初次创业时，我第一次体会到什么叫"失重感"——完全没人为自己托底，自己就是底，拿到业务机会意味着活，否则就意味着危机。以往作为员工，很向往年底，因为能拿奖金；而后来作为创业者，到年底就心慌，也因为奖金，只不过这次是发奖金。

对于判断力，优秀打工人常被提到的有：专业严谨、逻辑条理、系统分析等，更高级的要求则是思考洞察、创新突破。

而对创业者来说，方向和格局才是最重要的。任何一个创业者成功的前提都是，能做到从细微处体察和懂得用户，并通过发挥自己的优势，拿出满足用户需要的解决方案，而顶级创业者还能读懂人性、时代趋势和国家战略，并能有效创新、顺势而为。

对于行动力，绝大多数打工人被要求要有执行力，换句话说，领导指明了方向，拿出了思路，然后他们就要把事情干了。更优秀的打工人，则被期待不仅拿到结果，而且不断复盘、持续改进、精益求精。

谈到创业者，有时我们会误认为他们最牛的是想得明白、能抓风口。事实上，创业者最厉害的是超强的行动力——当不少人还在犹豫时，创业者已跳进水里。当然，优秀的创业者并不莽撞，他们会有个试水动作，然后在行动中快速迭代。现在流传着一个说法，叫"靠认知做成事"，似乎那些成功的创业者的认知高出常人好几个层面，但事实上，这些认知并不是空想出来的，而是在边行动边迭代中悟出来的——这也正是"精益创业"所提倡的[4]。

最后说下凝聚力，合格的打工人起码要做到能合作、愿协同，而优秀的打工人既能运用机制和流程做管理，更能去激励和领导一支团队。

创业者似乎与优秀的打工人相似，不同之处在于前者更需要鲜明的人格魅力，还有内心迸发出的力量。尤其在一穷二白时，靠什么吸引他人，靠什么凝聚人心，除了创业者本人，再无其他。

对自由职业者而言，无论冰山上层还是下层，总的来说，能力要求介于打工人与创业者之间：一方面，他们需要有至少一项过硬的专业技能，并能转化为实实在在的服务或产品交付出去；另一方面，他们多少需要具备一些创业者的能力，比如自我驱动、商业敏锐度、客户关系维护等。

如何真正提升自身能力

打工人在向自由职业者、创业者演进的过程中，要如何提升自身能力呢？

依照企业的胜任力模型去提升，跟着培训体系去学习，肯定有必要，但这样做只能确保我们成为合格的打工人、胜任的螺丝钉。要想卓越，成为自由职业者、创业者，必须以价值为指向，以问题为切入去修炼自己。换句话说，我们不能为了学习而学习，任何学习都是为了发现和解决真实的问题。识别遇到了什么挑战，或明确自己想创造什么，然后顺藤摸瓜，去学去练就好了。这也意味着，能力提升绝不是单纯提升认知，而是在行动中造就一个新的自己。

前面提到过的指南针思维，同样适用于能力提升。仅靠思考，或打算提前绘制完美地图，都是死路一条。《哈佛商业评论》曾有一期探讨了"初创者需要战略吗？"的话题，资深创业者尼拉杰·沙（Niraj Shah）的一句话让我印象深刻，"你往往要走完第一步，才能迈出下一步"[5]。

人际关系：从格子间到社会网络，做一个可以信赖的人

初入职场，人们会误以为能力决定一切，事实上，人际关系的作用超乎想象。

有时，是社会网络驱动了成功

职场工作大致分两类：

一类工作，表现好坏容易衡量，比如能否熟练操作专业仪器之于工程师，能否写出有效、简洁的代码之于程序员。对这些工作而言，能力表现是关键，毕竟"代码功夫牛不牛，出手就知有没有"。

然而，另一类工作，则很难直接被衡量。例如，一个 HR 的工作如何，就算可以看招聘到岗率、离职率等，但最终判断其工作表现的，一定是员工和管理者的反馈。又如，一名运营人员的工作成效，可以参考拉新、转化等指标，但当他拿出运营策略时，这一策略能否被采纳，很大程度上取决于管理者对其信任的深浅。

全球复杂网络研究权威艾伯特 - 拉斯洛・巴拉巴西（Albert-László Barabási）就曾写道，成功的第一定律是"能力表现驱动成功，但当能力表现无法被衡量时，社会网络驱动成功"[6]。事实上，即便是写代码这样的硬功夫，也涉及大量人际协作，除个别极客，想靠一己之力创造优秀的软件产品，几乎毫无可能。

影响打工人职业发展的几组重要关系

考虑到人际关系的重要影响，凡是渴望职业发展者，无不对此高度重视。

先说全职员工，如下几组关系对其能否提升业绩、获得晋升，乃至保证良好的日常工作状态，都有难以避免的影响（见图 6-8）：

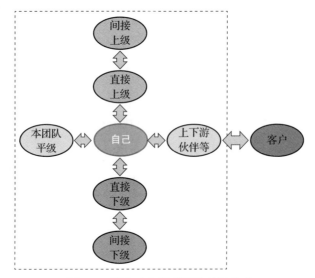

图 6-8　职业人必须重视的几组关系

▶ 直接上级和间接上级：这是最重要的关系。对于企业
战略的传递、重要工作的安排、业绩评价、晋升提
名等，上级都是最具决定性的人物。同时，直接上级
常常也是你最重要的老师和伙伴，要主动而虚心地获
取他的指导、反馈。要多与直接上级交流，但尽量不
要跨级沟通，请放心，你的表现，间接上级都会看在
眼里。

▶ 平级：如果想拥有良好的合作环境，请用心对待你的
平级。我见过太多不把平级放在眼里或将平级视为对
手的人，结局就是陷入内耗。除了本团队平级，还有
上下游伙伴、项目组同事等，也需用心对待。

▶ 直接下级和间接下级：假如你有下级，请用心待他，如同期望上级对待你那般。最重要的是，你既要给下级必要的指引，又要给他足够的信任，以激发其活力。

▶ 客户：这个已说得太多，假如不懂客户，或频繁搞砸客户关系，那么就算其他关系都处好了，也是白搭。

不可忽视的"弱关系"

处理好上述这些关系，足以令一名员工立足，但若要有更好的发展，还需重视"弱关系"。

社会学家马克·格兰诺维特（Mark S. Granovetter）是第一个明确认识到"弱关系的优势"的人。[7]他认为，强关系能将不同个体结合为群体，但弱关系常成为不同群体间的桥梁，因此具有十分重要的作用。[8]格兰诺维特的灵感来源于一项研究，他发现：求职者很少能通过最亲密的朋友找到工作，大部分的工作反倒是由交情不深的人介绍的[9]。

这让我想到了自己，我走出校门的第一份工作，就是通过一位当时素未谋面的校友牵线而得来的。这份工作给予我的不只是难得的北京户口，更有扎实的人才测评实践锻炼、正规的职业化训练，以及初入职场的温暖。

正所谓"强关系传递影响，弱关系传递信息"，尤其身处大厂内部，弱关系常产生出人意料的效果。记得在阿里巴巴工作期间，业务的快速变化与组织的复杂性，常使我们面临多线交叉的协同，协同的前提是对各业务线的情况有所理解。

在一家数十万人的公司中，这是一个巨大挑战，即便是管理层，也只对相关情况有粗线条的了解，这时除了被业界熟知的共创会、项目启动会等将发挥作用外，我常会迅速打开钉钉，寻找在各种培训、社团中认识的朋友，与他们约个午饭，或者只在线上交流三五句，便能拿到超越常规渠道的信息。

弱关系不局限于公司内，一流人才的网络遍布天下。好友秦弋博士在新书《A类人才》中写道，乔布斯将顶尖人才又称为A类人才，而A类人才是不会将自己困在所在岗位上或专业边界里的，他们会更愿意打破组织社会的去个体化和圈层化的限制，自由连接形成网络[10]。

记得前两年公司开始施行OKR，我作为最早在业务团队落地OKR的组织发展专家，被事业群委以重任来做OKR项目的牵头人，这让我获得了与总裁对话的机会，同时也得以快速连接各层管理者。这一切的前提都是我对OKR了解得早、用得早，那么，我是怎么做到的呢？时间回到6年前，由于喜欢结交朋友、探讨专业，我认识了刚从Google离开回国的创业者小戴，他们公司的产品正是借鉴Google的管理实践开发的OKR SaaS系统。由此，OKR在我心里种下了种子，我亦从这种弱关系中受益。

从格子间走向更宽广的世界

作为打工人，我们难免习惯于朝九晚五或996的节奏，习惯于只和格子间周围的几个人联系，但实际上，我们只需打破内在的限制，伸手就能与全世界连接。

1967 年，社会心理学家斯坦利·米尔格拉姆（Stanley Milgram）做了一个著名实验，想回答"需要多少个相识关系才能把世界上任意两个人联系起来"的问题。实验的结果是平均只需 5 个中间人，也就是说一共只需 6 次就联系上了。这个现象后来被剧作家约翰·格尔（John Guare）搬上了舞台，称为"六度分离"[11]。最新的研究表明，六度分离中的数字正越来越小，例如，对脸书用户来说，中间人的个数在 2011 年是 3.74[12]，而到 2016 年已下降为 3.57[13]。事实上，随着互联网的出现，我们正生活在一个越来越小的世界中，人与人之间的距离比我们想象得要近。

那么，这个小世界网络中的人际关系有什么奥妙呢？

巴拉巴西认为，网络中的节点与节点并不平等，网络的度分布并非钟形分布，而是幂律分布，换句话说，有的人能与成千上万人连接，有的人则只能连接寥寥数人[11]。这就好比，微博上大 V 有上千万粉丝，但普通人的粉丝则没几人。与此同时，巴拉巴西还注意到，这些关键节点如同枢纽，不同群体通过他们才能取得联系，他将这些关键节点称为枢纽性节点[11]。

这引出了人际关系的诀窍，简而言之，在进入一个陌生环境后，最好迅速找到枢纽性节点，然后逐步使自己也成为枢纽性节点。原因很简单，枢纽性节点意味着信息的丰富度，还意味着影响力。

在一家公司内，我们常注意到，某人不一定是领导或优秀员工，但是"四通八达"，知晓各种信息，甚至颇具意见领袖的影响力，这就是公司内的枢纽性节点。试想，如果能与他联系上、常互动，一定会显著促进工作的开展。

再说到公司外，如果想成为自由职业者或创业者，产品和客户至关重要。无疑，找到枢纽性节点，会对获得客户、打开市场有重大助益。事实上，枢纽性节点对产品开发同样大有帮助。《创新者的基因》一书写道，"交际"是创新者最关键的技能之一，因为这会让他们获得新的观点，并检验想法[14]。可以说，一个致力于打造新产品的人，必定需要找到能带来新观点的枢纽性节点，还有最具配合性的天使客户。

只要拥有 1000 个铁杆粉丝，就能糊口

建立社会网络，当然意味着我们要精选强关系、扩展弱关系，并通过枢纽性节点形成尽可能多的连接，但这并不意味着有限的连接就成不了事，因为除了数量，还要考虑关系的质量。以创作型的自由职业者或创业者为例，《连线》杂志创始主编凯文·凯利（Kevin Kelly），曾提出著名的 1000 个铁杆粉丝理论。他认为，创作者，如艺术家、音乐家、摄影师、工匠、演员、动画师、设计师、视频制作者或作家——换言之，也就是任何创作艺术作品的人——只要拥有 1000 个铁杆粉丝，就能糊口。这里的铁杆粉丝是指，无论创作者创造出

什么作品，他都愿意付费购买。[15]

高价值网络形成的源泉

建立社会网络，与人们常说的经营人脉大有不同。花时间参加各种聚会，逢人就加微信好友，或是有意靠近地位较高者，当然也是经营人际关系的做法，但这既非我们推崇的，事实也表明这几乎没用。

现代社会下，一个人的高价值网络的形成，主要源自两方面：

首先，源自其人品。对于那些表里如一、责任心强、能拿结果的人，周围同事、朋友自然愿与其合作，并经由二度、三度人脉等扩展出更大的网络，可以说，一个真诚和靠谱的人是自带口碑的。

其次，也源自其输出的作品。在公司内，你项目做得漂亮，有可能传到高层领导耳中，或被其他城市、事业部的同事了解到，于是带来新的合作。在互联网上，你写下的文字、拍摄的短视频，更像长了翅膀一样，飞向全国乃至世界，为你带回可能的机会。我的一个师弟，曾在知乎上就金融专业学生求职这个主题写了超过四百条问答，这为他带来了远方朋友，而朋友又成为客户，客户最终使他拥有了一家创业公司。可以说，一个人的作品自带流量。

我们要走出格子间，看到社会网络的力量，但回归根本，成为一个令人信赖的人，才是真正值得我们努力的。

05 行动指南：
"职业身份与命运"的每日功课

作为普通人，我们需要意识到打工对于成长的价值，同时看到更广阔的天地。

打工是很多普通人的起点，但由于就业环境和职业危机，我们越来越难将其视作终点。

无论眼下的角色是什么，我们都需要拥有和磨炼"创业者心态"，并不断提升能力，建立和维护社会网络。这将驱动我们的职业生涯在打工之外获得新的可能性。

图 6-9 从行动指南的角度，给出了供参考的每日功课。

在迈向职业广阔天地的路上，如果非要说什么最重要的话，我认为是心态。

在影片《嗝嗝老师》中，主人翁奈娜自小患有妥瑞氏综合征，会发出类似打嗝声的怪声。她不但从小受到旁人嘲笑，读书时还被 12 所学校拒之门外。最终，一位校长的一句"我们会像对待其他学生一样对待你"，让奈娜感受到从未有过的平等待遇，同时也在她心中种下了当一名好教师的梦想的种子。

毕业后，她一路投简历，想要获得一份教师的工作，面对无数次的质疑甚至拒绝，奈娜每次都会报之以笑容，并向面试老师表达她的梦想。五年后，她终于获得了一份教师工作，执教一个最难搞的"糟糕"班级。

每日省思与行动

对应小节	底层问题		每日省思与行动

01 在打工人阶梯上攀爬的秘诀与天花板

意识： 我是否清楚打工人如何成长，并意识到打工是有天花板的

- 我是否知道自己正处于打工人职业发展的哪个阶段
- 要跃升到下一阶段，我需要做什么

02 除了打工，我们还能干什么

探索： 在打工之外，我是否认真思考和探索过其他出路

- 关于打工的本质，我是否心里有数
- 我是否清楚兼职和副业的区别
- 未来，我会考虑成为一名自由职业者或创业者吗

03 普通人升级打怪的有效进阶路径

演化： 我是否清楚从打工到自由职业，再到创业之间的演化路径

- 着眼未来，我是否看到了打工的价值
- 我职业生涯的第二曲线会是什么？为此，我要如何做

04 一核两翼：职业发展的驱动力

成长： 我是否清楚自己该如何成长，才能不断获得职业生涯的发展乃至飞跃

- 哪怕眼下还在打工，我要如何培养提升自己的"创业者心态"
- 着眼职业生涯的第二曲线，我要如何提升自己的能力
- 我是如何建立和维护自己的社会网络的

图 6-9　"职业身份与命运"的每日功课

开学第一天，学生们便给了奈娜老师下马威，学她打嗝，讥讽她的怪声，并打赌不会超过一个礼拜，奈娜就会坚持不下去，他们还把讲台的椅子锯断，让奈娜摔在了地上。恶作剧层出不穷：把火柴粉末撒进粉笔里，差点烧伤奈娜的手；自制小球放进垃圾桶里，差点引发了爆炸……

这是一群自小在社会不平等和白眼中长大的孩子，内心满是自卑与愤怒。而如今，他们不仅将伤痛和玩世不恭发泄在奈娜老师身上，而且依然我行我素地在校园横行，成绩更是始终在全校垫底。校方似乎也已放弃了这群学生，并放话给奈娜，如果她再搞不定，就要解散这个班。

然而，奈娜没有因学生们的做法备受打击，她变着法儿用贴近生活的方式来引导和教授孩子们，她到一个个学生家里走访，去触摸他们真实的生活和家庭冷暖，她在学生们将要被校方开除的关键时刻挺身而出，用莫大的信任给学生们担保。在她看来，"没有差学生，只有差老师"。实质上，她并不是在为学校工作，而是在为心中的梦想和这群学生工作。

"创业者心态"在奈娜老师身上显露无遗。她时常打嗝，被认为根本不可能当老师；她好不容易成为老师，却面对常搞恶作剧甚至恶霸般的学生。但她的爱心和梦想穿透了看似残酷的现实，她不仅成了老师，而且在春风化雨间温暖了这群学生。最终，学生们的心逐渐融化，脸上绽开笑容，身上显露自信和善意，才干也被充分释放，成了校史上的优秀毕业生和多年后的社会栋梁。

影片结尾，早已担任校长的嗝嗝老师，在退休日缓步走出教学楼，校园中满是向其致意的学子。嗝嗝老师用爱和勇敢走过了长长的职场路。

这是根据真实故事改编的电影，相信很少有人面临比嗝嗝老师挑战更大的职业生涯。关于从打工人的境地走向更广阔的天地，尽管我们花了不少笔墨在谈路径与方法，但毫无疑问，最重要的驱动力来自心态。相信每一位“视己为人”者，只要带着“创业者心态”上路，无论身处何处，无论正在从事什么，就都能走向更广阔的天地。

第7章

走向美好人生
超越工作，拥抱生活

"活着不只是为了工作，而工作是为了美好的生活"，这是昇畅现在的口头禅。

她依然很忙，产假回来，习惯于在一线"打仗"的她负责起了中后台业务。创业公司主体拆分、办公场地租用装修、营业执照办理登记等，除了不必出差，这些脏活累活丝毫不比前台业务轻松。

事实上，新业务也并不博人眼球，昇畅记得去年夏天同事们还在人工智能大会上侃侃而谈，而此时，他们已穿梭于工地之间。不过，经历过职场起伏的她，不再需要刷存在感或急着赶风口，而是开始懂得了快乐工作。她珍惜创业的体验，沉浸于每一件事情，她爱一起打拼的同事，享受与大家每一天的相处，她感到工作本身就是生活。于是，她也不再纠结于加不加班，通常到点就走，回家和家人共进晚餐、陪宝宝唱歌。事情紧急就干完再说。

我们关注职业发展，但终究需要"超越工作，拥抱生活"。

看见丰富、立体的
生活全貌

家庭与工作，向左走还是向右走

过去三年，阿霞奔波于京沪之间。她的家在北京，而公司总部在上海。她是作为分公司副经理入职的，仅半年时间，就凭借优异表现被提拔到了总部，由此开始了"空中飞人"的日子。

最初，阿霞很纠结，因为孩子刚上幼儿园，她很担心孩子能否顺利适应学校生活。但是到这家知名企业的总部工作，是阿霞早就梦寐以求的，于是她告诉自己，"做一名奋斗的妈妈，正是孩子最好的榜样"，况且还能赚更多钱给孩子创造更好的成长条件。

接下来两年里，日子就这么过着，除了产销旺季，阿霞一般周五夜里回到北京的家，周日晚上出发前往上海。直到三个月前接到电话，幼儿园老师语重心长地对她说："再有一年，孩子就要上小学了，但言语表达能力明显落后，我们老师肯定会用心关照，但家庭对孩子的成长影响很大，也期望家长多花心思，尤其要多跟孩子互动，陪他说话、阅读。"

最初阿霞没太当回事，但老师一个月内又来了两通电话，情况似乎有些严重。原来幼儿园邀请心理专家给孩子们做了统一评估，老师的反馈都源自专家评估。了解实情后，阿霞的内心开始彷徨了，有时开着会，她脑中也会浮现出孩子的模样。她原本认为，自己奋斗不只是为了自身，也是为了孩子，而现在不得不正视一个现实：对孩子的成长来说，陪伴的意义大于其他。

工作与家庭的关系历来被大家关注，但这并非简单的二选一，我们不能极端到要么当工作狂，要么全职在家。事实上，温暖的家庭关系能促进工作，积极向上的工作状态也能反哺家庭。然而，人们发现难以用高薪、晋升或奋斗精神来麻痹自我、替代家庭，正如学者杰弗里·格林豪斯（Jeffrey H. Greenhaus）等指出，工作家庭冲突"是一种角色间的冲突，在某些方面不可调和"[1]。

对于这种角色冲突，我们当然可以试图平衡，但更需要的是做出智慧的选择。夜里 22 点，究竟是仍在公司会议室激情洋溢地共创业务思路，还是斜坐在孩子的床边给他讲故事？每个人有各自的情况，也有对生活不同的期盼，很难给出标准答案。如果把全职在家者与创业打拼者看作两种极端情况，那么中间的选择可以有：居家兼职者（自由职业者）、普通双职工、专业机构工作者、夫妻店、公司高管等。我们需要做的，不是左顾右盼或纠结彷徨，而是在人生的不同阶段，根据自己想过的生活，做出定位与选择（见图 7-1）。

压力常来自被蒙蔽的内心，如果我们误以为自己不得不做"空中飞人"，不得不持续争抢高绩效、高职位，当然难免会感到"人在江湖，身不由己"。压力也可能来自贪心，来自"既要，也要，还要，且要"，如果我们既想在职场节节高升、指点江山，又不想错过每一段家庭温馨时光，当然会对自己走平衡木的身心带来更高挑战。而当我们看见生活中呈现的多种选择，意识到可以主宰自己的生活时，关注焦点自然会转向追问内心"我究竟想过怎样的生活？"，从而动态地做好选择。

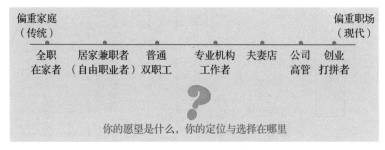

图 7-1　工作与家庭，你的选择在哪里

丰富、立体的生活远超我们想象

放眼看，工作是我们人生的重要组成部分，却非全部。吉斯伯斯（Gysbers）等综述了此前学者的看法，还在麦克丹尼尔斯（McDaniels）等的著作基础上，改编并绘制了"终身生涯发展"图，指出生活角色（父母、配偶等）、生活环境（家庭、学校和工作场所等）和生活事件（开始工作、结婚、退休等）的动态相互作用，共同塑造了整个人的生涯[2]。结合当前现实，我根据吉斯伯斯等人所著的《职业生涯咨询——过程、技术及相关问题（第二版）》[2]改编并绘制了图 7-2（例如，增添了不可忽视的"虚拟（网络）世界"和"网民"角色）。

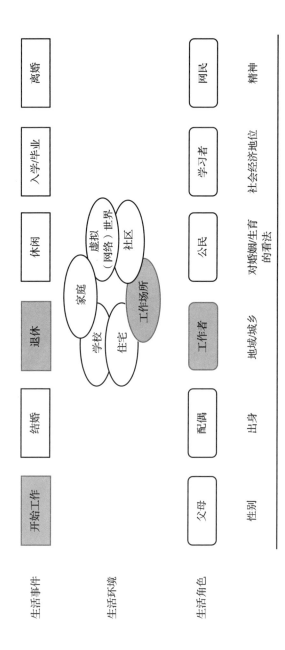

图 7-2 丰富多彩的生活

假定我们在临终时回望一生，一定会发现，除工作之外，生活还有太多值得关注的方面，只是我们自己不确定，那时的心情是无怨无悔、心满意足，还是猛然感到缺失和遗憾。

2021 年年中，我从阿里巴巴辞职，不少朋友不解："这么好的工作不继续干，难不成财务自由了？"事实上，每个人心目中财务自由的标准很不一样，我和爱人盘算了下，我们的必要花销就是吃饭穿衣，目前积蓄充足，但我一直想写作这本书的打算不能再拖了，因此是时候给自己一段放空期了。更重要的是恰逢爱人怀孕，在人生的这个重要阶段，我认为自己必须在她身边，而不是继续做"空中飞人"。

过去一年，的确少赚了一些钱，也中断了可能晋升或被重用的职业生涯，然而，我不但创作了这本书，更拥有了每日陪伴爱人和新生宝宝的美好时光。

我意识到生活是由多维构成的，并不一定都靠工作体现。过去十年，我生活的里程碑，除了可以用工作上的重要项目、个人结婚买房等来标记，还可以用每一两年和爱人的出游来标记。我和爱人到梅里雪山脚下的村落徒步，在宝岛台湾的霞光里骑行，背包穿行于张家界的云雾之间，还有带母亲游览于绝美华山，陪姥爷姥姥在济州岛观日出……这些不但令我们的生活丰富多彩，更让我们感叹世界和生命之美好。

我爱工作，同样爱包含工作的生活。

在不同阶段干不同的事：生涯发展彩虹图

生活如此多元，在美好之余，或许也有人会问："我该将重心置于何处，该如何选择呢？"事实上，生活的方方面面并非完全平行展开的，在人生的不同阶段，核心命题有所不同。

美国生涯发展大师舒伯说，人的生涯发展如同一道彩虹[3]（见图 7-3）。

在这彩虹图中，人的生涯发展大致可分为五个时期[3,4]：

▶ 成长期：0 ～ 14 岁，主要发展自我意识、兴趣、能力等，开始形成对工作世界的正确态度，了解工作的意义。

▶ 探索期：15 ～ 24 岁，探索职业偏好，形成符合现实的自我概念，学习开创更多机会。

▶ 建立期：25 ～ 44 岁，在工作中尝试，并逐步安定下来。

▶ 维持期：45 ～ 64 岁，接受自身限制，并发现新难题、发展新技巧，维持和提升工作地位、成就。

▶ 衰退期：65 岁以后，开始做退休考虑。

此外，一生中，人们扮演着各种角色，但这些角色并不会突然一起出现。从时间上看，我们最初是子女、学生，同时也是休闲者，成年后，则逐步成为公民、工作者，随着成家，会成为持家者（如配偶、父母等）。无疑，人到中年时，我们将面临最多重的角色，正所谓"上有老下有小，还要做公司和社会的栋梁"。

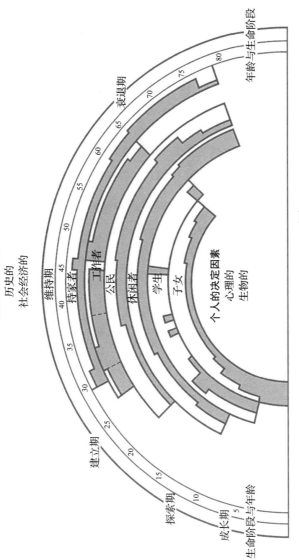

图 7-3 生涯发展彩虹图 [3]

　　对于生涯发展彩虹图中标记的人生阶段和角色，或许有人会不以为然。这当然无可厚非，并值得尊重，只要那是他看清人生可能图景后的自主选择。举个反例，我有个师弟，他在大学毕业时觉得工作难找，于是继续考研究生，哪知三年后工作依然难找，他就又念了博士。等毕业了一看，年近30岁的他如果不进研究所，就要与20来岁的年轻人抢工作。作为全村的希望，这是他如何也没有想到的。另外，目前有些人开始向往不婚不育的生活，这当然也可以说是个人选择，但我亲眼所见，当一个人年近五旬，对此后悔却又毫无办法，只因年轻时没有看到生涯发展彩虹图所描绘的人生可能的图景。

　　反之，单是看见这幅彩虹图，就能促进我们更好地生活与减压，它提示我们，到什么村就住什么店，什么阶段干什么事。在生涯发展彩虹上，完全可以奏出动听的旋律，绘出美丽的图画。

02 幸福：
美好人生的终极目的

　　"你为什么工作？"

　　"为什么成家，为什么生孩子？"

　　"为什么做这件事而不是那件？"

　　类似的问题，我问过很多人，答案林林总总、千奇百怪，然而，剥开具体描述，会发现同样的内核：在一切"追求"的背后，我们真正渴望的是"幸福"。

上述问题，我在六岁时就问过自己。那时，家里的种种变故、父母的奔波劳碌，以及每日随母亲在街头地摊前看人来人往，都让我忍不住会想，"人为什么活着？"。我常与自己对话，某日黄昏时分，一句话闪现于脑海中，"人活着就是为了快乐"。我将此用于指导自己的生活，比如，考虑要不要干一件事时，就问自己，"干这件事，会让我或者更多人快乐吗？"。后来才知道，自己朴素的认知，无意间与圣人先哲有了某种神交。

最为人们所熟知的儒家经典《论语》，开篇即说，"子曰：'学而时习之，不亦说乎？有朋自远方来，不亦乐乎？人不知而不愠，不亦君子乎？'"[5]，三句话的落脚点分别是"说""乐""不愠"，可以说，快乐和幸福，在儒家乃至中国人的观念中居于重要地位。

西方先哲亚里士多德在代表作《尼各马可伦理学》中是这样说的，"幸福是完善的和自足的，是所有活动的目的"[6]。另一位哲学家伊壁鸠鲁对幸福有不同理解，但他同样认为："幸福生活是我们天生的最高的善，我们的一切取舍都从快乐出发，我们的最终目的乃是得到快乐。"[7]

谈到美好人生，幸福常代表人们内心终极的渴求。以赚钱为例：当问"为什么要赚钱？"时，可能答，"因为赚钱才能养家，赚更多钱才能买房、旅游等"；当再问"为什么要养家、买房、旅游？"时，可能会答，"因为这样才能履行责任""因为我爱家人""因为这样我能心安、愉快"；而当继续问，"责任、爱、心安、愉快意味着什么呢？"时，最后总会谈道，"这意味着幸福"。

是时候静下来问问自己了：工作、家庭、学习、休闲，无论在哪个领域，我们真正想要的是什么？最终很可能发现，就是"幸福"。

那么，幸福究竟是什么？

幸福是一种主观的体验

心理学对幸福的研究，沿袭了两个传统学说，其一认为：幸福就是一种愉悦的、快乐的体验，上面提到的伊壁鸠鲁是这一传统学说的鼻祖。

将幸福视作快乐，心理学家给出了一个更形象的概念——"主观幸福感"（Subjective Well-Being，SWB），这体现了幸福是对自己当前状况的主观体验和评价。代表性人物埃德·迪纳（Ed Diener）教授认为，主观幸福感由三个部分组成：生活满意度、积极情感和（低）消极情感[8]。这意味着，想要幸福，不仅仅需要提高满意度和提升积极情感，同时还要降低消极情感的影响。

关于生活满意度，迪纳等人还给出了测评工具（见表7-1）[9]，用于个人自评。类似地，我们也可通过从1到7的数字来评估自身积极情感与消极情感的程度。

表 7-1　生活满意度量表[9]

指导语：请使用从 1 到 7 的数字来表示你在多大程度上同意或不同意下面的陈述						
1	2	3	4	5	6	7
非常不同意	不同意	有点不同意	中立	有点同意	同意	非常同意

1.（　）我的生活在大多数方面接近我的理想
2.（　）我的生活状况非常好
3.（　）我对我的生活感到满意
4.（　）到目前为止，我在生活中得到了自己想要拥有的重要东西
5.（　）如果我能够重新活一次，我基本上不想改变任何东西

注：把所有题目的分数相加计算总分

　　"主观幸福感"很切合我们日常对幸福的理解，比如谈到工作时有人说，"员工离职无非两点，钱给少了，心委屈了"，前者意味着满意度低，后者意味着积极情感少、消极情感多。反过来，我所见到的凡是干得起劲、常言幸福者，旁人几乎都能感到其积极情感及其对工作、生活油然而生的满意。

　　那么，如何才能体验到更高的幸福感呢？现代社会中，钱是常被提到的要素。研究的确表明：对于低收入家庭，收入的增加对情感状况和满意度的提升都非常明显（这也印证了"共同富裕"和"增加低收入人群收入"的重要意义）；但一旦过了某个点之后，无论是积极情感，还是无消极情感，随着收入增加而提升的曲线就明显变缓了，也就是说对于中产家庭，钱能买到的幸福开始减少；而当收入继续增加到又一个点时，三条反映情感幸福的曲线均达到平台期，并没有随收入的增加而变化，相反，无精神压力感人群所占比例还略有下降趋势，而生活满意度虽持续上升，不过增速也开始放缓[10]

（见图 7-4）。可以说，收入（金钱）对于主观幸福感的提升，是边际效应递减的，正所谓"没有钱万万不能，但钱不是万能的"。

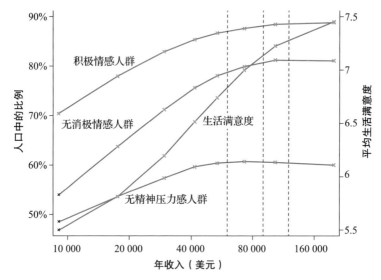

图 7-4　金钱与主观幸福感的关系[10]⊖

这道理类似没东西吃很难活下去，但吃五个包子得到的快乐不会比吃两个多太多，粗茶淡饭的愉悦也不见得比山珍

⊖ 该研究中，"生活满意度"的调查并未采用前述"生活满意度量表"（Diener，1985），采用的是 Cantril 编制的"自我标定量表"（Cantril's Self-Anchoring Scale）："请想象一下，在你面前有 11 层阶梯，最下边为 0，最上边为 10。梯子顶层代表你最好的生活，底层代表你最差的生活。根据你个人的体验，你认为你目前的生活处于哪一层阶梯？"另外，关于"积极情感""无消极情感"等的调查方法，如有兴趣，请详见本章参考文献第 10 条。

海味少。同理，我们对于房子、车子或更多东西的渴望也类似，如果居无定所，自然很不快乐，但谁又能说住在北上广深豪宅里的人，就比住在小镇普通小区里的人幸福呢？或者说开劳斯莱斯的就比开普通品牌汽车的幸福？事实并非如此，在做管理咨询的日子里，我在太多出入豪宅、开着豪车的老板脸上看到的反倒更多是焦虑。

我们一不小心就会陷入某种幻象，认为现在的自己之所以不够幸福，是因为还没得到某种东西，所以才会有这样的话："一旦拥有什么，我就会快乐无比。"然而，无论从学术研究中，还是从对生活的细心体察中，我们都会发现，事实并非如此。

除了快乐，幸福还意味着什么

快乐是美好人生的必备要素，但作为一种主观体验，它究竟是不是最重要的？

网上曾有人发起过讨论：做人难免烦恼，如果可以做一头快乐的猪，你是否愿意？

对此，我听过很多回答，最深刻者莫过于思想家罗伯特·诺奇克（Robert Nozick）的"快乐体验机"思想实验：想象这样一台机器，它能让你得到你可能欲求的任何体验。一旦进入这台体验机，不管升职加薪、事业成功，还是美景、美食，或是充满创造力、信手拈来伟大作品等，想要什么就有什么，你能体验到你所渴望的任何生活。最后，诺奇克问道，你是否愿意在这个机器中度过余生？[11]

我跟很多朋友聊过这个思想实验，无一例外，我们都不愿意待在这个机器里度过余生，它说是能让我们拥有快乐及一切想要的体验，但这些体验与本人的特点、行动毫不相干，也不需要我们真的去与他人互动、交往，一想到要脱离真实的自己、真实的世界，就令人不寒而栗。事实上，比起直接拥有快乐体验，我们更关心体验背后的现实原因。

幸福不是单纯的快乐，早在两千多年前，亚里士多德对此就有深入思考，并引领了幸福研究的另一传统学说，即"Eudaimonia"（希腊语：εὐδαιμονία[6]），后人常将此译为蓬勃，意为一种充满生命力的丰盛人生。

如何实现这样的状态呢？关键在于持续行动，发挥出人区别于其他动物的德性，譬如勇敢、节制。而人与人又有所不同，有人天生对音律敏感，有人对数字充满好奇，还有人乐于与人交往，正如人本主义心理学家马斯洛所说的，"是音乐家就需要创作音乐，是画家便会要求画画，是诗人就必须作诗，否则他的内心就无法宁静……"[12]。

这意味着，人需要主动使用宝贵的"理性"，将德性恰到好处地发挥出来，并通过"理性"和"行动"，不断认识自我和环境，去发现自己的优势、热情，在适宜的环境下，不断走向自我实现，成为罗杰斯笔下"机能充分发挥的人"。德西和瑞安的自我决定理论也可视为对"Eudaimonia"的又一种继承，当我们真正出于内在动机，有意识地做自己人生的决定者时，就更有可能活出蓬勃、幸福的生命状态。

我对"Eudaimonia"的初次感触，发生在 2006 年 5 月 4 日。对我来说，那是探寻人生意义路途上的一个重要日子。

那天，我来到了西藏自治区日喀则市萨迦县，这是藏传佛教萨迦派主寺的所在地。整个小镇只有两条街，下午四时左右，忽听一阵钟声，街上涌入了上百位喇嘛，一片绛红色映入我眼帘，街上除我之外，竟看不见身着日常服饰的人，原来是寺院进入下午休息时段，喇嘛上街闲逛，而镇上本来其他人也少。带着一种敬意，我来到萨迦寺中，偶遇一位年轻喇嘛仁钦桑布，我们交谈数句，彼此好奇。或许因我是心理学专业的学生，而他是佛弟子，对生命意义和人性奥秘的共同关注，在我们之间升起一种共振。他答应带我去拜见法师，满足我解惑的渴求。

傍晚时分，我在仁钦桑布的引介下，来到法师修行的地方。光线朦胧的屋内，燃着的酥油灯和混着藏香的气味，让我瞬间安定下来。我望着法师，恭敬行礼，问道："法师好，我非常想知道，人为什么活着？"法师柔和且一字一顿地说着藏语，仁钦桑布给我翻译道："人活着，要（从自身特点出发）不断把事情做得更好，今天比昨天更好，明天比今天更好，然后就会逐步体验到人生的意义了。"

说实话，仁钦桑布的翻译磕磕绊绊，有些词似乎他也解释不清，但法师的眼神、语气，以及屋内的光影、气味，一种全息的体验让这个问题的答案刹那间进入了我的内心。我感受到人生如同攀登，当一个人在一楼时想要问人生是何风景，自然很难看见，但随着逐步登上更高楼层，景色则尽收眼底。这是一种永不停息的精进，而非简单的努力，因为每一个人要攀登的大厦是不一样的，我们需要一边认识自己，一边攀登；一边攀登，一边认识自己。

可以说，幸福不只是快乐，更是充分发挥自身潜力，过上一种有意义的生活。事实上，并不存在统一的完美生活，更没有人人皆以为理想的工作，所谓"内卷"，某种程度上就是忽略自身的特性，混入众人的赛道——如果千里马不奔跑，而是羡慕公牛有牛角，因此使劲练习想要长出角来，那它又怎么可能幸福呢？

幸福还是多维度的，同作为"Eudaimonia"的支持者，积极心理学创始人塞利格曼认为，一个人想要达到蓬勃人生，就必须拥有足够的"PERMA"，这 5 个字母分别代表幸福人生的 5 个元素[13]：

- ▶ P：积极情绪（Positive Emotion）。
- ▶ E：投入（Engagement）。
- ▶ R：人际关系（Relationships）。
- ▶ M：意义和目的（Meaning and Purpose）。
- ▶ A：成就（Accomplishment）。

泰勒·本-沙哈尔老师在课堂上也分享过对幸福的理解，"幸福是身心灵的完满状态"，并指出幸福的 5 个要素：精神

福祉、身体福祉、心智福祉、关系福祉、情感福祉。这意味
着，我们对于身心灵的各个方面，可有侧重，但不可偏废。
譬如，如果一个人享受工作到沉迷，却因此伤了身，或者影
响了与家人的关系，那么很难说他是幸福的。

相比这些充满哲思或学术精神的答案，普通人对幸福的
看法更为质朴。比如，外卖小哥告诉我，幸福就是既没有暴
雨，也没有暴晒，万一送餐晚了，客户还能理解和微笑；我
们家楼下卖早餐的阿姨觉得，幸福就是有很多人排着队买包
子，却没有人急躁催促；我妈觉得，幸福就是既能抱着孙子
孙女到公园，又不会被累垮。

幸福究竟意味着什么呢？

无论旁人怎么说，都抵不过我们自己心底流淌的声音。
工作、生活，有喜、有忧，每一个人都应该静下来和自己聊
聊，幸福对自己来说是什么呢？

03 每一人、每一处、每一刻 都是目的

幸福是美好人生的终极目的，这个说法极易造成误解，
似乎其他一切都是使自己幸福的手段。我们一生会遇到很多
人，走过很多地方，度过很多时刻，事实上，期待将这些作
为手段换来幸福者，大有人在。不过，只需静下来觉察，便
可能意识到其中大谬。

望着绿柳枝头的鸟儿，本身就是美，而绝不是要将其变为笼中宠物才使人展颜；与一个人相遇，凝望双眸，感到彼此的存在，本身就是温暖，而绝不是因这人能与我长相守或带来什么利益；在一家公司工作，拼搏投入、融入其中，恰就是自我实现与价值创造的体验，而绝不是只有晋升或奖金才能带来些许欢笑……

每一人、每一处、每一刻都是目的，这才是幸福的真谛。我很幸运，在人生的早年，就有人将这一道理烙在了我的心房。

再也没见过，却从来未分开的救命恩人

小时候，我有过两次被救的经历，一次是扶伤，他润泽了我的心，一次是救命，他让我有机会活到今天。

第一次被救是我不到 6 岁的一天，那天我独自从外公家回家。当时我还是个小男孩，活泼调皮，边走边跳，行至老安顺东街，忽感一阵刺痛，只见鲜血从右脚内侧流出。原来，一块锋利的啤酒瓶碎片插透了凉鞋，直入脚底。我很痛很痛，脚底被血染红，手上也沾了不少血。我开始哭泣，边哭边喊。

忽然，一个大哥哥跑了过来，蹲在我身边，看了一眼脚底，二话不说就把我背了起来，然后疾速奔向两条街外的专区医院，边跑边问，"你家住哪儿啊？"，我说，"不远，就在专区医院门口开粉面馆，姓齐"，然后便晕了过去。

等我醒来时，天色已暗，发现自己正躺在医院病床上，母亲和外婆守在身边，大哥哥正在和她们道别。我没有看清大哥哥的脸，只记得他很矫健，背我时还斜挎着一个军绿色帆布包。后来听母亲说，他是二中的学生。

30 多年过去了，右脚底手术缝针的疤痕依然清晰可见，每次见到这道伤疤，思绪就会瞬间回到当年看见那个矫健身影的下午。一到阴天或走路过多时，脚底还会有些许抽筋感，但这种感觉令我心有暖流、如沐春风。

我第二次被救是在 1992 年，那一年家乡举办首届贵州蜡染艺术节。

4 月开幕那天，整个城市都沸腾了。刚结束方阵演出的我们，看着胸前的红领巾自豪不已，忍不住也要到位于新大十字的核心会场区瞧瞧。但才远远望见艺术节的大 Logo，便瞧见那边已是人山人海。我低头看了下白衬衫、白球鞋，犹豫了片刻，还是昂首挺胸往前走去。

人挨着人，脚挤着脚，越往里走，越是摩肩接踵，这阵势远胜过春节前的赶场，也丝毫不输于多年后我在北京早晚高峰挤地铁。继续挪动脚步，人们已近乎抱在一起，甚至对方身上的汗味也扑鼻而来。眼看着全是脚印的白球鞋从白变灰，又从灰转黑，我感觉自己掉进了人堆，想进进不去，想出又出不来。

突然，不知哪个方向传来的力量，让前后左右的人接连失去重心，我用力顶住扑倒在身上的重量，但东倒西歪的人好像都完全站不稳了，我的身体感到越来越难以支撑。又一阵人浪冲击过来，我彻底滑倒在了地上，无数双大脚踩在胸口、双腿上，心里有些担心白衬衫洗不干净了，但呼吸越来越急促，忍不住脱口而出"救命"，同时我感到头晕目眩，人潮声音在耳边荡过，我却似乎看不到什么光。我喘不上气，心里充满恐惧。猛然间，我感觉有一双大手将我举过头顶，同时听到，"都让让，要出人命了，这有孩子"。

十多分钟后，我们终于挪出了人群，而我的身体仍在颤抖。我慢慢睁开双眼，看见这是一位叔叔，皮肤粗糙双手黝黑，却笑得温暖。叔叔见我没事，也很开心，一路抱着我回家，把我送到父母身边。

我不知道两位救我的人姓甚名谁，但他们对我的影响是持续一生的，令我在人世间有种莫大的安全感。多年后再回想，我很清楚，救我，并不会对大哥哥考高分、上大学带来帮助，也不会对这位叔叔多点收成或是多赚点钱、娶媳妇儿有半点作用，他们甚至没有接受我家人的任何好处，仅仅喝了口水，微笑着就走了。

但我相信，救我，对他们来说，无须半秒钟的思索，而是一种义不容辞的坚决；救我，对他们来说，无论在当时还是事后，都是一种幸福。而我，也很幸福，因为我知道，自己对他人来说，不是手段，而是目的。

我一直很愿意把这种幸福传递下去，将遇到的每个人都视为目的。

不抛弃、不放弃

我很喜欢电视剧《士兵突击》，尤其喜欢许三多，不是因为他是兵王，而是因为他"不抛弃、不放弃"的人生状态。

在新兵连学到每天做内务、出早操、帮战友，结果到了草原五班，老兵睡觉时他出操，战友打牌时他叠被，被大家嘲笑时他修路。许三多没有因草原五班的艰苦和被遗忘而放弃信念，他如同身处最好的部队一般，该干什么就干什么，活得洒脱自然，最后也感染了战友，赢得了朋友。

在老 A 选拔中，到了最后只剩一个名额的时候，眼看着竞争者越过前去，他却硬背着受伤的五班副蹒跚前行，似乎完全忘记了选拔是一场零和游戏，而将此视作战友间永不抛弃的共赴。他活得情深义重，也让一种至深的幸福包裹着自己和战友。

与许三多完全相反的是成才，他目标明确、头脑灵活，为了拿到结果（比如成为特种兵），似乎其他一切都可作为手段。但这意义何在呢？

正如老 A 考核时，袁朗所说的："成才，你经历的每个地方、每个人、每件事，都需要你付出时间和生命，可你从来没付出感情，你总是冷冰冰地把它们扔掉，那你的努力是为了什么？为一个结果虚耗人生？"

即便不谈幸福，而仅仅说职业上的成功，成才这样做也行不通，袁朗感叹："（成才），七连只是你一个过路的地方，如果再有更好的去处，这儿也是你过路的地方，我们不敢跟你这样的战友一起上战场。你们是团队的核心、唯一的财富，其他都是虚的，我无法只看你们的表现，我更看重的是人"。

我常想，我们一生真的会经历很多地方，我们能把此处当作彼处的跳板或手段吗？不能，因为所有人的最终归宿必然是同一个地方——一个静静躺着，直到烟消云散的地方。从终极意义来说，把此处当作彼处的跳板或手段是没有意义的。

我们很难承诺在一个地方永久待下去，但我们需要发自心底对一个地方不仅投入时间和生命，更投入感情。所谓美好人生，就在其中吧。

每一个时刻都是珍贵的

美好人生，意味着一个人不是另一人的手段，一个地方不是另一地方的跳板，那么，我们能将自身的某一时刻当作未来另一时刻的垫脚石吗？

有人说，金榜题名需以寒窗苦读为前提，哪怕是晋升加薪也得熬到年底。是的，我们从不否认鲜花盛开、人生成功需经历长久的寂寞等待、拼搏奋斗，但这并不意味着人生的某个时刻一定比另一个时刻重要——认为有些时刻如金，有些时刻似铁，还有些时刻难耐如粪土，这是一种幻觉。

这种幻觉会令人执迷于最终的得失，以致在面对选择时费心算计、犹豫纠结，却忽视掉自己的真实体验和直觉智慧。同时，当思绪被未来某个时刻的结果所牵动时，便可能心不在焉，难以投入现在的过程。这如同一场旅行，在终点自问收获了什么，答案竟是"一堆照片或一叠盖满戳的明信片"，至于曾走过的河溪、树荫、山峦和曾亲眼看到的飞鸟，似乎从未进入生命。

事实上，我们真的不能将此刻的自己，视作成为彼时的自己的手段，这样做将不费吹灰之力便体会到痛苦。

我不止一次有过类似的糟糕经历，比如在求职就业，或接受一项工作任务前。由于在意得失，我会反复比较机会，掂量发展前景、薪酬待遇、老板风格等。然而，事后回忆，凡如此做出的选择，结果皆不如意。痛苦首先体现在那个斟酌掂量的时段，灵魂似乎出窍，整个人化作了疯狂核算的计算机，因而感到异常痛苦。其次，在进入那项工作后，似乎也不享受，常想着什么时候可以领到红花、分到蛋糕。最后，一旦结果和回报稍不如意，就会产生一种白忍耐、白受苦的感觉。

相反，凡是我尊重自己当时当刻的体验和直觉而做出的选择，事前事后我都无比喜悦，而这一选择也极大浇灌了我的人生。

令我印象最深的，是将心理学作为自己的大学志愿，因为在 20 多年前，这还是个令大多数人陌生的专业。填报志愿时，家里叔伯都力荐我填电气工程、通信工程等，原因是毕业后容易进入老家供电局、电信公司工作，收入、社会地位都很高。然而，我早已立志以读懂和温暖人心为业，好在父母报以理解，允我自主决定。至今记得，填报志愿当天我心

里的激动与满足，以及递交志愿表时的坦然和自豪。这样的
感受在过去 20 多年来，始终伴随着我。

还有到西藏做志愿者、报考和君商学院、到阿里巴巴工
作，乃至追求相伴至今的爱人，这些既令我兴奋、幸福，又
对人生带来重大促进的决定，可以说几乎都没有经过计算，
而是经由身心体验直接做出的，而后我便享受其中——"人
生哪有什么结果呢？有的都是过程"。

美好人生，意味着每一刻的生活都很动人，每一刻的自
己都是目的。

蔡志忠先生曾在私塾上分享过"人生微积分"的体悟，
书中进一步写道，"无论我们的一生有多长，它的总长度就是
由无穷小刹那相加而得的总和。如果，我们不能融入今日、
此时、此地、此刻，就没有别的明天会来临。因为，来临的
每一个明天，都只是当时的今日、此时、此地、此刻。这些
构成无穷多数无穷小刹那中，无论它们是好、坏、净、垢、
寒、暑、高、低，都是整个人生的一部分，没有哪一部分不
是自己。我们如果排斥忽略它，就是忽略自己的人生"[14]。

04 在觉察中拥抱"合一"

"分别心，是痛苦的根源，而合一，是美好人生的源泉。"
对此，我屡次被感染、被传道，虽然距离做到甚远，但因深

以为然，故与大家分享。

不确定性？那都是我们的"心"

多变的生活，常令人焦虑不安，乃至失落沉郁。

我们内心对自身、他人、环境、未来，难免有所预设。何为好，何为坏，何为如意，何为不妙，都会被勾勒成一幅幅画卷或一系列标准，储存在头脑。而不确定性，就是一次次打破我们理想预设的小怪兽。

生命中，我经历过很多不确定性，比如父母离异、高考落榜、失恋、被公司辞退、投资失败等，但令我印象最深的却是在阿里巴巴期间的一次组织调整。

2020 年 12 月的一天，我正在"以人为中心取向心理咨询"学习班里上课，忽然手机响了，一看是主管，我赶紧溜了出去接听。电话接通后，先是一阵沉默，而后传来略低沉又急促的女声，"有个事告诉你，不过你千万不要激动，准备好听了吗？"

我有意识地将嘴角上扬，提了口气，说："没问题，说吧。"

"咱们事业群要被拆了，至于后续安排，还有你的去向，都还不清楚，估计一周内落定。"

我有一点点激动，但忍住了："好的，没事儿，听候安排。"

我为何激动？

因为这个新事业群成立还不到一年，竟就要被拆掉了；更因为时日虽短，我们却已倾注了心血和情感；还因为振奋人心的计划和团队畅想的美好未来，刹那间化作了泡影；当然，也因为对自己前程的担忧。

回到课堂上，我头脑发蒙，斜枕在桌上盯着笔发呆，但老师的声音依然能传入耳中：

"美好人生不是一种已经适应、充分满足的或业已实现的状况。人的生命，在最好的状态下，乃是个流动、变化的过程，其中没有什么是固定不变的。"[15]

我听得断断续续，但身体竟一激灵地颤抖了下。

这段话是人本主义心理学大师罗杰斯对美好人生看法的精髓，或许因其极为重要，老师又清晰有力地读了一遍。这下我听得很清晰，它说的分明就是自己当下的状况：我对工作和团队本有设想，但变化突如其来，我的第一反应是失控和失望。在听到大师的话后，我几乎在瞬间产生了一种兴奋感和幸福感——流动、变化恰是美好人生的本质。

耳边继续传来："一个人若能完全不带防范之心，完全开放地对待自己的经验，那么对他来说，每时每刻都会有新鲜感。结果他会明白：'在下一刻我将会是什么，会做什么，只有到了那个时候才知道。我自己也好，别人也好，谁也无法预先知道。'"[15]

是啊，上周我们还在研讨年度战略，谁能预先知道今天就要被拆散？拆散似乎意味着伤感，但也意味着新的重组，至于明日又将如何，只有到了那一刻才会知道，我只需完全放开身心，去体验正在经历的一切。这是一种坐上云霄飞车的体验，虽然我不清楚前方是什么，但是我能确定"生活将迎来新的可能"。

事实上，在那之后，我成了淘宝事业群的组织发展负责人，得以有幸参与核心业务的组织建设。而此刻，我正赋闲在家专心创作。回头看，当时事业群的拆散，就仅仅是拆散而已，自己跌宕起伏的内心戏确实可以省省，代之以更平静、喜悦的体验。

《庄子》言，"至人之用心若镜，不将不迎，应而不藏，故能胜物而不伤"[16]。说的是，最能视己为人之人，其心就像一面镜子，能够如实地映照外物，物来不迎，物去不送，所以能超脱物外而不被外物所伤害。这是何等的逍遥状态！

生活中，年轻时的父亲是我心目中最接近这种状态之人，不骄不躁、不悲不喜，温暖如春，又平静如水。在我们的相处中，曾发生过一件足以塑造我个性的大事。

记得那是三年级刚开学的一个下午，和同学嬉戏打闹间，我搞了个恶作剧，将其语文课本藏进了花坛，后来却如何也找不到了。同学很着急，班主任知道后更加着急，因为我们班是全省仅有的几个五年制实验班，课本全是按定额印制的，新华书店根本不售。次日清晨，学校教导主任给远在北京的出版社打电话，然而对方回应："很遗憾，一本也不剩了。"

我十分自责，只好把自己的课本给了同学，至于我自己该如何继续学习，头脑一片空白。这时候，父亲轻拍了拍我的肩膀，说："书已经丢了，别难过，也别担心。这样吧，你找位玩得好的同学，每天一起做完作业后，把书借回来，我来手抄一本课本。"此后每日，父亲夜夜抄书，我好几次凌晨醒来，见他还在用心临摹书中插图。学期结束时，我不仅拿到了考分，也拿到了一本完整的百分百手工复刻的课本。

整个过程中，我不曾被责怪半句，也未见父亲有一下皱眉，我感受到的是他深深的爱，还有平静如水、遇事应对的心。如果说，我还算是一个性情平稳、心定、能想得开的人，那么恐怕这就源于父亲言行的感染了。

在蔡老师的漫画课上，我求了一副他的真迹，画中，庄子乘船行舟、逍遥自在，老师在画旁亲笔写下了"至人用心若镜，不将不迎"。那时我的宝宝即将出生，这便成了我为他／她准备的最好礼物。我希望把在父亲身上感受到的人生状态传递给宝宝，让他／她在这个不确定的世界中活出美好人生。

"一切有为法，如梦幻泡影，如露亦如电，应作如是观"[17]，如果说要觉察到这一真相，对我们常人来说，需要境界和修为，那么意识到"人不能两次踏进同一条河流"[7]，似乎更容易。不确定性本就是常态，面对生活中的变化，我们可以提醒自己的是，因缘聚散前，多一分平常心，如此，便多了几分自在、幸福。

忘情忘形：哪有什么好坏美丑，有的只是我们被遮住的眼和心

自小，我们就被教导将人我、事物、生活区分为美丑、

好坏、残缺或完美等，我也如此，直到遇到贺同学，内心的这些区分变得毫无意义，并体会到一种自然而然的美好。

贺同学是我研究生的室友，我永远忘不掉我们的第一次见面。

那发生在 2006 年 9 月，硕士开学，我很兴奋地拉着行李找宿舍。推开房门，见到三张上下铺，还有坐在靠窗床铺上的两个人。两人中间有张桌，他们正在放松地聊天。我热情、大声地打了个招呼，他们回应，"欢迎啊，你随便选个铺吧，靠门那个床还有下铺，也可选靠窗的上铺，不过左边的堆满行李了，右边那个可以"。我笑嘻嘻地走近窗户右边，正想往上爬，却像弹簧似的被吓回来了——我瞪大了眼睛，看见下铺的同学没有胳膊——两条胳膊都没有。

我退了回来，略带尴尬说："下铺挺好，我住门边这个下铺。"

两人哈哈大笑，右边下铺的同学说："我姓贺，欢迎你住我上铺啊。"

我赶紧说："贺同学你好，不过我不敢。"

他问："啊？"

直来直去却又礼貌的我哆哆嗦嗦地说："我……我怕上下铺的时候踩到你。"

这次他笑得更爽朗了："哈哈，不会的，我又没胳膊，你更踩不到我了。"

另一位同学姓丁，他说："放心吧，没事儿的。"他和贺同学本科就在一个班，对此早已习惯。

此后数日，我吃惊不断。我看到贺同学用脚很利索地吃饭、写字、给自己梳头；我们一起打 PS 足球[⊖]，却被他完虐；我还听说他到电视台录节目，有个环节是跟观众同时发一段几十字的短信，这些观众都是用手打字的，结果全场仅有一位观众比他快。

他是所在县城的高考状元，也以优异成绩保研，然而，这些都是其次的，最令我惊诧的是，贺同学似乎从来不认为自己与常人有什么不一样。失去胳膊对其生活毫无影响，更没有在他内心泛起任何波澜。除了一件事儿外，就是上大号时，需人协助。但这事儿他也很坦然，坦然到令我在第一次帮他时目瞪口呆。往后，每逢此事，他唤我时，就如同叫我过去一起打个游戏一样坦然、平静。

与贺同学同寝的每一天，我都如沐春风。事实上，我被他感染，变得越来越平静、幸福。此后多年，每次听到人们谈起什么不幸事，我都会想到贺同学，那个没有双臂，却又活得健全的人。假如你知道他毕业后不仅在北京找到了很理想的工作，而且还买了两套房，结了婚、有了孩子，就不会再觉得残缺与完美之间存在什么鸿沟了。

数年之后，当我读到《庄子·德充符》^[16]时，总算搞懂了贺同学身上的魅力源泉，也才算理解自己为何感到春风化

　　⊖　一种模拟足球赛的电脑游戏，双方操纵手柄进行。

雨。书中有一人叫王骀，残疾缺腿，却同样充满魅力，令人
想要追随。其中奥妙在于"忘形"（忘掉自己的形象，秉持事
物相互融合、生死同一的态度）与"忘情"（没有宠辱、贵贱、
是非之分），当一个人如此时，就会平静如水、静水如镜，令
周围人安定下来，并看见自己。还有比能让一个人安定并看
见自己更有魅力的事吗？

我时常因过度在乎"形"，过于介意"情"而心神不宁，
贺同学和王骀给予了我深深的感触。后来入职阿里巴巴时，
我决定以"王骀"为花名，是为对自己的勉励。

"我"与"我们"

"我如何赚钱，我如何成功，我如何幸福……"，时而想
这些，乃人之常情，但事实却难以如意，往往南辕北辙，越
想"我如何"，就越是难以达到。

在阿里巴巴工作时，由于职责所在，我常需支持业务一
号位和 HR 政委，解决团队内凝聚、部门间协同的问题。具体
问题千千万，比如，目标拉不齐、资源不够分、对策略路径
的看法不一致等，但说到底，就一个问题：考虑"我"太多，
考虑"我们"太少。

当安静下来，尝试彼此倾听时，我们耐心听着听着就会
发现，原来对方并不是故意为难、找碴儿，然后渐渐觉察到，
无论是"你"还是"我"，我们都是这个公司的一分子，公司
存在的意义在于共同服务好客户、贡献于社会。

在家里面也类似，有时我和妻子会各执一词，都认为自己很有道理，自己多么不容易，而对方要么蛮不讲理，要么不能理解自己。相信很多家庭也会上演类似一幕。事实上，如果我们能暂时跳出情绪，学会主动凝视对方，彼此的心就会开始融化，进而意识到，无论对方，还是自己，我们都是这个家的一分子，只要这个家温暖、和谐，我们每个人便都会多一分幸福。

中国文化中强调"整体大于部分之和"，英语里"整体"（Whole）一词和"健康"（Health）一词，来自同一个词根。彼得·圣吉在《第五项修炼》中直截了当地写道，"通过看清整体，我们学会如何培育健康"[18]。而我要说：若要走向美好人生，则需从"我"走向"我们"。

心怀"我们"，行在脚下，反过来，若要对"我们"有贡献，则又需从"我"出发，正如《大学》中所说，"物格而后知至，知至而后意诚，意诚而后心正，心正而后身修，身修而后家齐，家齐而后国治，国治而后天下平"[19]，只有我们自己先以修身为本，推己及人，才有可能为更多人，乃至社会创造价值。

当考虑价值创造、得失对错时，要把"我们"作为落脚点，而在成长提升、实际行动方面，又多从"我"出发，将"我"融入"我们"，这或许就是生活在这世间，能够安身立命，乃至收获和谐美好人生之道吧。

05 行动指南：
"走向美好人生"的每日功课

本书的主题是职业发展，但本章作为全书最后一章，我们有必要在此问问：工作是为了什么？事实上，一切都是为了美好人生。

美好人生的起点，在于看见丰富、立体的生活全貌，不被包含工作在内的其中任一方面绑架。

美好人生的终极目的，是幸福，但是有一千个人，就有一千种对幸福的解读，我们不必过分关注旁人，走向美好人生的关键在于，要清楚我们自己心目中的幸福是什么。

是快乐体验，是自我实现，是身心灵的完满状态？

还是能够活在当下，或没有分别心？

这需要我们每个人反观自己的生活，并在亲身体验和感悟中找到属于个人的答案。

图 7-5 从行动指南的角度，给出了供参考的每日功课。

很奇怪，提到美好人生，我常会想起《阿甘正传》这部影片。不知在你心目中，阿甘的人生美好吗？

来自单亲家庭，智力偏低，天生后背弯曲，需要带上腿箍才能挺直腰背。而且，身体和智力的异常，还造成入学困难，好不容易能上学了，又被小朋友们嘲笑、孤立、欺负。这些就是阿甘人生的起点。

对应小节	底层问题	每日省思与行动
01看见丰富、立体的生活全貌	盘点与自问：我正在过怎样的生活，又想过怎样的生活	• 在工作与家庭二者间，我如何定位和选择 • 除了工作，我个人的生活还有哪些很有意义或令我愉悦的方面 • 我目前正处于人生的哪个时期，扮演着哪些角色
02幸福人生的终极目的	意识：我幸福的源泉是什么	• 我感到快乐吗 • 除了快乐，幸福对我还意味着什么 • 我目前生活得幸福吗
03每一人、每一处、每一刻都是目的	修炼：我在多大程度上能远离颠倒梦想（妄想），活在当下，对此人、此处，此刻投入心和情感	• 我如何看待遇到的每一个人，把对方当作手段还是目的 • 对目前工作的地方、团队等，除了付出时间、精力，我是否还付出了感情，用了心 • 此时此刻，我是否正在用心投入
04在觉察中拥抱"合一"	相信与觉察：我是否相信并觉察到分别心是痛苦的根源，而合一或许是通向美好人生的道路	• 当不符合预期的情况出现时，我有什么体验，会如何引导自己 • 对于自己或他人的形象、是非、悲喜等，我能否不带分别"忘情"，而在"忘形"同享有安定 • 我在多大程度上学会了将"我"融入"我们"

图 7-5 "走向美好人生" 的每日功课

可以说，阿甘很惨，但他又很幸运，他有一位乐观的母亲，她常告诉他，"你跟别人一样，没什么不同"。少年阿甘还结识了一位小伙伴珍妮，她和阿甘一起玩耍、爬树、读书，两人成了最好的朋友。当阿甘被同学欺凌时，珍妮会提醒他快跑，给他加油助威。

这些精神力量的注入，令阿甘奔跑起来，竟然跑向了逆袭，跑得连开着小汽车欺凌他的坏同学都追不上，还跑进了大学橄榄球队。大学毕业后，阿甘参了军，上了战场，在激战时刻，他奔跑着救了多名战友，因此立了功。他攒着钱，信守与阵亡好友巴布的约定，买了捕虾船，和被救的战友丹中尉一起驶向大洋，阴差阳错间竟幸运地成了富翁。

至此，似乎又可说阿甘的人生很美好。

然而，回望整个过程，又令人鼻子发酸。他爱母亲，但人生终有别离时，捕虾刚发了财，妈妈离开了他。他爱珍妮，但珍妮从小害怕"家"，一心向往远飞，成年后阿甘与她的会面总是短暂，最终珍妮悄然离去。

就像阿甘母亲常告诉他的，"人生就像一盒口味各异的巧克力，你永远不知道下一块将会是哪种味道"，每一次，在阿甘的人生快要坠向谷底时，总会有股力量将其托起，这力量来源于母亲、珍妮、巴布、丹中尉；但每一次，当顺风顺水，甚至人生快要开挂时，现实马上又会给阿甘当头一棒，例如妈妈离世、珍妮不辞而别、巴布阵亡。

阿甘真的就这样一块一块地品尝着，有兴奋、满足，也有悲恸、惋惜和不舍，但阿甘始终享受着"生命的流动"，在忘形与忘情间一直奔跑。从东海岸跑到西海岸，然后掉头接着跑，直到胡须浓密，直到精疲力竭。大量追随者和他一起奔跑，有人在乎从中领悟意义，有人寄望借此营销商品，而阿甘什么都不想，他做的仅仅是奔跑。

在阿甘的人生中，工作很重要，因为没有工作，就没有成长、荣誉、友谊、财富。但工作又从不是他人生舞台的主角，情感和生活才是，经历和体验才是，持续不断奔跑才是。

影片结尾，珍妮回来了，她给阿甘留下了亲生的孩子，自己却又因患病撒手人寰。或许这就是生活，美好与忧愁都有，但这些，根本上又都是自己选择的感知与情绪——阿甘哭，但目送孩子走上校车，他也笑。

跌宕起伏、阴晴圆缺，这不只是阿甘的人生，也是我们每个人的人生。

用怎样一种态度去面对"一切皆流，无物常驻"的人生，这是需要我们每个人自己决定的议题。我倾心于阿甘的做法：每时每刻都用心用情，却又时时刻刻不沉迷其中。既然人生是流动的，那就让我们一直奔跑下去吧。

祝愿每一个人，都能在奔跑中活出自己的美好人生。

后　记

这是一本拿心写就的书，一抬头，写了一整个春夏秋冬。

书中，有我年少时的追问、大学时的思索、从业十几年的沉淀，还有大量靠谱文献的比对，尤其是，有我生活及职场见闻的生命故事——"视己为人"，我愿把自己这个人真诚地呈现在书中。

本书的主题是，在不确定的时代，如何活出有掌控力的人生。

数年前，所谓"不确定性"，还只是少数人的体会，而现在，这已成为诸多人每天面对的现实。

在开始写作时，职场的主旋律是"卷"，未曾想一个春秋过去，"躺"的音量愈加放大。

事实上，"卷"也好，"躺"也罢，都是在不确定性面前，人们可能有的自然反应，然而，它们都不能成为解药。

在不确定的外界面前，学会自我接纳，找回内在动机，焕发内在力量，真正"视己为人"，才是走出困境、创造美好人生的原动力。在写完全书最后一个字时，我对此更加笃定，也期待本书能与你共鸣。

本书的思想源泉，除了先哲们的启迪外，还有我的恩师们的教诲和指引。

尤其感恩伍新春老师，是您在我青春稚嫩时，鼓励我随心而动，并教会我保有严谨的治学态度和坦荡的做人风范，更是把"人本主义心理学"带到了我的生命中。

还有我在北师大遇到的老师们，包括但不限于侯志瑾老师、张西超老师、闫巩固老师、姚梅林老师、刘翔平老师、许燕老师、芦咏莉老师、张日昇老师、乔志宏老师、陈宝国老师、李虹老师、金树人老师、钟思嘉老师、萧文老师，是你们把我带入心理学的世界，同时也开启了我的自我探索之路。

在本科与硕士学习的中间，有缘到西藏自治区从事志愿服务工作，感恩陈老师、江老师、李老师、孙老师、崔师兄、贾师兄及其他老师、志愿者同学的关怀和点拨，是你们和广袤的青藏高原一起，开阔了我的胸怀和眼界。

初入职场，有幸加入了以专业立身的博思智联，感恩吴正博士、老何、彤姐、晓敏师兄、王燚师兄、玲亚师姐等的指教，让我学会了"识人"的技能和心法。

在三十岁当口，感恩王明夫先生、赵老师、陈老师、张凌师兄引我入和君商学院，唤醒了我心中的天使和雄狮，并带给了我牛四班和 A6 的兄弟姐妹。

此后，我开始合伙创业，感恩客户的信任和滋养，尤其感恩王燚师兄、廖坪岗师兄、宋思勤师兄等的真诚携手，我们筚路蓝缕、相互扶持，哪怕是争执，都成了人生成长的养分。

还有，感恩在美团工作期间，在兴哥、干总、郭总等前辈们身上看到的忘我投入的创业精神。

感恩在阿里巴巴工作期间，曲叔、谭亮、秀心、赫澜、叶欣、沈洁、程瑛、爱民等诸位主管或老师视人为人地相处和悉心指导，以及与燕娇、善渊、识君、袁娟、菁伦、京墨、红棉、玄德、道放等战友共同奋斗时的美妙，这些令我感受到一家伟大企业的根基，以及企业组织中可以拥有的人性之美。

当然，还要感恩蔡志忠老师及私塾师兄们的谆谆教诲，一想到蔡老师，我的脑海中，就立刻浮现出"视己为人"的生动模样，还有什么能比人生楷模在一个人眼前言谈、工作、饮食的实在样子，更能感染人、指引人的呢？

想到自己的成长，也感恩中小学启蒙老师们，你们待人处世的质朴作风，在年少的我心中，印下明亮的底色；还有亦友亦师的发小、伙伴，纯真年代的情感，无与伦比；尤其感恩外公、奶奶、六叔、大伯、姑妈等家人，你们的照料和言传身教使我得以茁壮生长；最感恩的，莫过于我的父亲母亲，你们在生活面前的坚毅和笑容鼓舞了我，无论面对多少坎坷，总会支持我和弟弟读书学习，总会为我们的生活筑起安全的港湾。你们直面情感真相的勇气也感染了我，曾经，作为孩子的我因父母婚姻的破裂而进入人生的幽暗岁月，而后才觉察，那恐怕是人生最大的礼物，因为我从中懂得了做人的不易、生活的无常，并因此培养了人际的敏锐、心性的平静，发现个人心智的进化，才是决定命运的力量，而人与人之间的真情，便是这世上最为珍贵的事物。

最后，感恩我的爱人梦竹，是你包容、温暖并启迪了我，让我重获新生，你也是这本书的第一个读者和编辑；感恩因你而来的我的家人们，姥爷、姥姥、爸爸、妈妈，我们的生活因此而增加了几分"家"的味道。

感恩宝宝苹果，在你身上，我看见了人天生具有"视己为人"的本性，正如开篇所写的，爸爸愿你活出你自己。

除此之外，本书的写作还得到了友人们的支持、鼓励和启发，包括好友秦弋、忠波、世民、郭丹、启林、张锐、东畅、窦凯、杰丰、林在、文渊、璞洋、潇檬、雪临及阿里积极心理学派伙伴、清华积极心理学实践班的老师同学、北师大"以人为中心取向心理咨询"学习班的老师同学、沙哈尔老师及 HSA 校友们、Dr.Home 和陈老师及正念冥想组的同学们。

特别感谢机械工业出版社的编辑，因为出版社和岳老师的信任、支持，因为李老师的细致工作，以及其他编辑老师的精心策划和准备，才让本书得以呈现在广大读者面前。

最后的最后，感谢我自己和选择本书的你，感谢我们。

于我而言，坚持写一本饱含真情又理论扎实的书，将它负责任地流传给下一代——做让自己觉得自洽的事，正是视己为人的体现。

　　于你来说，因为"视己为人"，我们走到一起。祝福每一位读者，包括我自己。我坚信，人是创造和幸福的本源，外界越是不确定，我们就越应回到自身的内在。

　　绽放，从感知到自己的存在开始，在觉察到更广大时盛开。

吴　亮

于北京

2023 年 4 月 17 日

参考文献

引言

［1］萨维科斯. 生涯咨询［M］. 郑世彦，马明伟，郭本禹，译. 重庆：重庆大学出版社，2015.

［2］阿什肯纳斯，尤里奇，吉克，等. 无边界组织：移动互联时代企业如何运行［M］. 姜文波，刘丽君，康至军，译. 2 版. 北京：机械工业出版社，2016.

［3］跃科中国. 中年职场危机调查报告［EB/OL］.（2017）https://www.springasia.com/media/spring-asia/client/content/Spring%20Professional%20Mid-Age%20Career%20Crisis%20Survey.pdf.

［4］张雪花. 90 后"中年危机"："假矫情"还是"真焦虑"？［EB/OL］.（2017-04-25）. http://www.xinhuanet.com/politics/2017-04-25/c_129556947.htm.

［5］脉脉人才智库. 互联网人才流动报告 2020：新 BAT 人才库形成，哪家人才平均年龄最大？［R/OL］.（2020-03-30）. https://36kr.com/p/1725344595969.

［6］陈体强. 前程无忧发布《2021 大学生雇主招聘观察报告》［EB/OL］.（2021-08-18）. https://www.163.com/news/article/GHM9V0JS00019OH3.html.

［7］公考资讯网. 2022 年国家公务员考试报考对年龄有要求吗？［EB/OL］.（2021-06-29）. http://www.gjgwy.org/202106/466250.html.

［ 8 ］ 王彤旭. 从"铁饭碗"到"临时工"高校青年教师现况如何?［EB/OL］.（2021-09-12）. https://www.zgswcn.com/article/202109/202109121154171006. html.

［ 9 ］ MUKHERJEE R. Ageism in the tech industry［EB/OL］.（2017-10-19）. https://www.indeed.com/lead/tech-ageism-report.

［10］ 智联招聘. 2019 年职场人健康力报告［R/OL］.（2019-07-23）. https://mp.weixin.qq.com/s/h7F_hqAiDnyKqV8NtPq3fQ.

［11］ 简单心理. 2020 年大众心理健康洞察报告［R/OL］.（2020-12-01）. https://jdxl-img.jdxlt.com/uploads/2020.pdf.

［12］ VAN BOMMEL T. Remote-work options can boost productivity and curb burnout［EB/OL］.（2021）https://www.catalyst.org/reports/remote-work-burnout-productivity/, Catalyst.

［13］ FREUDENBERGER H J. Staff burnout［J］. Journal of social issues, 1974，30(1): 159-165.

［14］ MASLACH C, JACKSON S E. The measurement of experienced burnout［J］. Journal of occupational behaviour, 1981，2: 99-113.

［15］ MASLACH C, SCHAUFELI W B, LEITER M P. Job burnout［J］. Annual review psychology, 2001, 52: 397-422.

［16］ 李永鑫. 三种职业人群工作倦怠的比较研究：基于整合的视角［D］. 上海：华东师范大学，2005.

［17］ 吴亮，张迪，伍新春. 工作特征对工作者的影响——要求 - 控制模型与工作要求 - 资源模型的比较［J］. 心理科学进展，2010，18（2）：348-355.

第 1 章

［ 1 ］ 卢米斯. 跳着踢踏舞去上班：巴菲特的快乐投资与人生智慧［M］. 张敏，译. 北京：北京联合出版公司，2017.

［ 2 ］ 青年文摘. 2020 十大热词盘点，奇怪的身份增加了［EB/OL］.（2020-11-08）. https://k.sina.com.cn/article_1878169763_6ff298a3

01900rr85.html.

［3］ 任芳. 最新！2020年度热词出炉　岁岁年年"词"不同［EB/OL］.（2020-11-09）. http://news.cnr.cn/native/gd/20201109/t20201109_525324327.shtml.

［4］ 格雷伯. 毫无意义的工作［M］. 吕宇珺，译. 北京：中信出版集团，2022.

［5］ 周倩. 百年流水线的前世今生［J］. 中国工业和信息化，2018（12）：76-85.

［6］ 刘擎. 刘擎西方现代思想讲义［M］. 北京：新星出版社，2021.

［7］ 熊建. "困在系统里"怎么破解［N］. 人民日报海外版，2020-09-25（09）.

［8］ 马克思. 1844年经济学哲学手稿［M］. 中共中央马克思恩格斯列宁斯大林著作编译局，编译. 北京：人民出版社，2018.

［9］ 李泽厚，刘再复. 关于教育的两次对话［J］. 东吴学术，2010（3）：17-22.

［10］ 华迪，乔继红. 特稿：2020，中国脱贫故事赢得世界赞叹［EB/OL］.（2020-12-29）. http://www.xinhuanet.com/world/2020-12/29/c_1126923683.htm.

［11］ 智联校园. 2021大学生就业力报告出炉：国企仍是首选！［EB/OL］.（2021-05-18）. https://www.163.com/dy/article/GA8P364F0518I14H.html.

［12］ 中国人民大学中国就业研究所，智联招聘. 2020年大学生就业力报告［R/OL］.（2020-04-22）. http://cier.org.cn/UploadFile/news/file/20200422/20200422222210150150.pdf.

［13］ 陈体强. 前程无忧发布《2021应届生调研报告》［EB/OL］.（2021-07-13）. https://www.163.com/news/article/GEPIGJPE00019OH3.html.

［14］ 柴若月，叶婷婷. 什么影响了大学生择业［N］. 中国青年报，2017-12-18（011）.

［15］ 高四维，叶雨阳. 大学毕业生找工作最看重什么［N］. 中国青年

报，2012-08-01（06）.

［16］ 李秀玫，向橄叶子，桂勇. 在物质主义和后物质主义之间——后疫情时代大学生就业态度的变化［J］. 文化纵横，2021（02）：120-129.

［17］ 李林. 智联招聘 2018 年春季白领跳槽指数调研报告［EB/OL］.（2018-03-16）. https://ningbo.news.163.com/18/0316/13/DD1AEU980409905J.html.

［18］ 庄灵辉. 智联发布今年跳槽报告：受访者中近 7 成白领考虑换换城市［EB/OL］.（2019-03-20）. https://www.163.com/dy/article/EANRUOD7051492T3.html.

［19］ 赵金博. 说走就走？报告称 9 成受访白领计划跳槽　薪酬依然是首因［EB/OL］.（2020-04-02）. http://finance.china.com.cn/industry/20200402/5239107.shtml.

［20］ 智联招聘. 智联招聘发布 2021 春季白领跳槽指数调研报告［EB/OL］.（2021-04-30）. https://k.sina.com.cn/article_5675440730_15 2485a5a020013kr5.html.

［21］ 刘润. 刘润年度演讲 2021：进化的力量（演讲全文）［EB/OL］.（2021-10-30）. https://mp.weixin.qq.com/s/4P-5dTioGGRVwaHP0qoa-w.

［22］ 伯克利 E，伯克利 M. 动机心理学［M］. 郭书彩，译. 北京：人民邮电出版社，2020.

［23］ BUFFETT W. Lecture at the University of Florida School of Business［EB/OL］.（1998-10-15）. http://www.intelligentinvestorclub.com/downloads/Warren-Buffett-Florida-Speech.pdf.

［24］ 德西，弗拉斯特. 内在动机：自主掌控人生的力量［M］. 王正林，译. 北京：机械工业出版社，2020.

［25］ DECI E L，RYAN R M. The "what" and "why" of goal pursuits: human needs and the self-determination of behavior［J］. Psychological inquiry, 2000, 11(4): 227-268.

［26］ REIS H T, SHELDON K M, GABLE S L, et al. Daily well-being:

the role of autonomy, competence, and relatedness [J]. Personality and social psychology bulletin, 2000, 26(4): 419-435.

[27] DECI E L, RYAN R M, GAGNÉ M, et al. Need satisfaction, motivation, and well-being in the work organizations of a former Eastern Bloc Country: a cross-cultural study of self-determination [J]. Personality and social psychology bulletin, 2001, 27(8)：930-942.

[28] RYAN R M, DECI E L. Self-determination theory and the facilitation of intrinsic motivation, social development, and well-being [J]. American psychologist, 2000, 55(1): 68-78.

[29] KASSER T, RYAN R M. Further examining the American dream: Differential correlates of intrinsic and extrinsic goals [J]. Personality and social psychology bulletin, 1996, 22(3): 280-287.

[30] 大津秀一. 换个活法：临终前会后悔的 25 件事 [M]. 语妍，译. 北京：中信出版社，2010.

[31] 韦尔. 临终前最后悔的五件事 [M]. 袁弘，译. 重庆：重庆出版集团，2015.

[32] WRZESNIEWSKI A, DUTTON J E. Crafting a job: revisioning employees as active crafters of their work [J]. Academy of management review, 2001, 26（2）: 179-201.

[33] KIRA M, VAN EIJNATTEN F M, BALKIN D B. Crafting sustainable work: development of personal resources [J]. Journal of organizational change management, 2010, 23(5)：616-632.

[34] GHITULESCU B E. Shaping tasks and relationships at work: examining the antecedents and consequences of employee job crafting. Unpublished doctoral dissertation, University of Pittsburgh, 2006.

[35] KO I. Crafting a job: creating optimal experiences at work. Unpublished doctoral dissertation, Claremont Graduate University, 2011.

[36] TIMS M, BAKKER A B. Job crafting: towards a new model of individual job redesign [J]. South African journal of industrial

psychology, 2010, 36（2）: 1-9.

［37］ TIMS M, BAKKER A B, DERKS D. Development and validation of the job crafting scale［J］. Journal of vocational behavior, 2012, 80: 173-186.

［38］ DEFILLIPPI R J, ARTHUR M B. The boundaryless career: a competency based perspective［J］. Journal of organizational behavior, 1994, 15(4): 307-324.

［39］ STRAUSS K, GRIFFIN M A, PARKER S K. Future work selves: how salient hoped-for identities motivate proactive career behaviors ［J］. Journal of applied psychology, 2012, 97(3): 580-598.

［40］ 马斯洛. 需要与成长: 存在心理学探索［M］. 张晓玲，刘勇军，译. 3 版. 重庆: 重庆出版集团，2018.

［41］ 王守仁. 王阳明全集［M］. 上海: 上海古籍出版社，2011.

［42］ 冈田武彦. 王阳明大传: 知行合一的心学智慧 (全新修订版)［M］. 杨田，冯莹莹，袁斌，等译. 重庆: 重庆出版集团，2018.

［43］ 罗森塔尔，雅各布森. 课堂中的皮格马利翁——教师期望与学生智力发展［M］. 唐晓杰，崔允漷，译. 北京: 人民教育出版社，2020.

［44］ 兰格. 生命的另一种可能: 关于健康、疾病和衰老，你必须知道的真相［M］. 丁丹，译. 北京: 人民邮电出版社，2016.

［45］ 国家主席习近平发表二○二一年新年贺词［N］. 人民日报，2021-01-01（01）.

第 2 章

［1］ FARQUHAR J W, MACLEAN D R, et al. The Victoria declaration on heart health［C］. Declaration of the Advisory Board International Heart Health Conference Victoria, Canada, May 28, 1992.

［2］ 沃克. 我们为什么要睡觉?［M］. 田盈春，译. 北京: 北京联合出

版公司，2021.

［3］ 桦泽紫苑. 为什么精英都是时间控［M］. 郭勇，译. 长沙：湖南
文艺出版社，2018.

［4］ 洛尔，施瓦茨. 精力管理［M］. 高向文，译. 北京：中国青年出
版社，2015.

［5］ 布莱克本，伊帕尔. 端粒：年轻、健康、长寿的新科学［M］. 傅
贺，译. 长沙：湖南科学技术出版社，2021.

［6］ BABYAK M, BLUMENTHAL J A, HERMAN S, et al. Exercise
treatment for major depression: maintenance of therapeutic benefit
at 10 months［J］. Psychomomatic medicine, 2000, 62(5)：633-638.

［7］ 瑞迪，哈格曼. 运动改造大脑［M］. 浦溶，译. 杭州：浙江人民
出版社，2013.

［8］ BROWN A D, CURHAN J R. The polarizing effect of arousal on
negotiation［J］. Psychological science, 2013, 24(10): 1928-1935.

［9］ PILCHER J J, HUFFCUTT A I. Effects of sleep deprivation on
performance: a meta-analysis［J］. Sleep, 1996, 19(4)：318-326.

［10］ SONNENTAG S, BINNEWIES C, MOJZA E J. "Did you have a nice
evening?" A day-level study on recovery experiences, sleep, and
affect［J］. Journal of applied psychology, 2008, 93(3)：674-684.

［11］ 仲捷，贾竑晓. 抑郁症与饮食营养［J］. 中国健康心理学杂志，
2014，22（10）：1596-1598.

［12］ 仲捷，朱虹，贾竑晓. 焦虑症与饮食营养［J］. 国际精神病学杂
志，2015, 42（1）：111-113.

［13］ 健康中国行动推进委员会. 健康中国行动（2019-2030 年）［EB/OL］.
（2019-07-15）. http://www.nhc.gov.cn/guihuaxxs/s3585u/201907/
e9275fb95d5b4295be8308415d4cd1b2.shtml.

［14］ 中国营养学会. 中国居民膳食指南科学研究报告（2021）［EB/OL］.
（2021-01）. http://dg.cnsoc.org/upload/affix/20210301174345895.
pdf.

［15］ 王学农. 运动与猝死（综述）[J]. 体育学刊，2003，10（1）：67-69.

［16］ 圣吉. 第五项修炼：学习型组织的艺术与实践［M］. 张成林，译. 北京：中信出版社，2009.

［17］ 穆来纳森，沙菲尔. 稀缺：我们是如何陷入贫穷与忙碌的［M］. 魏巍，龙志勇，译. 杭州：浙江人民出版社，2014.

［18］ 舍伍德. 系统思考（白金版）［M］. 邱昭良，刘昕，译. 北京：机械工业出版社，2014.

［19］ 韩炳哲. 倦怠社会［M］. 王一力，译. 北京：中信出版集团，2019.

［20］ 卡巴金. 正念：此刻是一枝花［M］. 王俊兰，译. 北京：机械工业出版社，2015.

［21］ 威廉姆斯，彭曼. 正念禅修：在喧嚣的世界中获取安宁［M］. 刘海清，译. 北京：九州出版社，2013.

［22］ 卡尼曼. 思考，快与慢［M］. 胡晓娇，李爱民，何梦莹，译. 北京：中信出版社，2012.

［23］ 兰格. 专念：积极心理学的力量［M］. 王佳艺，译. 杭州：浙江人民出版社，2012.

［24］ KILLINGSWORTH M A, GILBERT D T. A wandering mind is an unhappy mind［J］. Science, 2010, 330(6006)：932.

［25］ RAICHLE M E, MACLEOD A M, SNYDER A Z，et al. A default mode of brain function［J］. Proceedings of the national academy of sciences of the United States of America, 2001, 98(2)：676-682.

［26］ MASON M F, NORTON M I, VAN HORN J D，et al. Wandering minds The default network and stimulus-independent thought［J］. Science, 2007, 315(5810)：393-395.

［27］ 戈尔曼，戴维森. 新情商：改变大脑、成就自我的力量［M］. 史耕山，张尚莲，译. 北京：中信出版集团，2019.

［28］ 崔东红，蒋春雷. 冥想：科学基础与应用［M］. 上海：上海科学技术出版社，2021.

［29］ HART R, IVTZAN I, HART D. Mind the gap in mindfulness research: a comparative account of the leading schools of thought ［J］. Review of general psychology, 2013, 17(4)：453-466.

［30］ 徐慰，刘兴华. 正念训练提升幸福感的研究综述 ［J］. 中国心理卫生杂志，2013, 27 （3）：197-202.

［31］ KABAT-ZINN J. Mindfulness-based interventions in context: past, present, and future ［J］. Clinical psychology: science and practice, 2003, 10(2)：144-156.

［32］ 卡巴金. 多舛的生命：正念疗愈帮你抚平压力、疼痛和创伤 ［M］. 童慧琦，高旭滨，译. 2 版. 北京：机械工业出版社，2018.

［33］ 陈一鸣. 硅谷最受欢迎的情商课 ［M］. 汤冬冬，柴丹，译，北京：中信出版社，2013.

［34］ 郭璞洋，李波. 正念是什么——从正念内涵研究发展角度的思考 ［J］. 心理科学，2017, 40(3)：753-759.

［35］ 契克森米哈赖. 心流：最优体验心理学 ［M］. 张定绮，译. 北京：中信出版集团，2017.

［36］ 陈欣. 心流体验及其研究现状 ［J］. 江苏师范大学学报（哲学社会科学版），2014, 40(5): 150-155.

［37］ 加尔韦. 身心合一的奇迹力量 ［M］. 于娟娟，译. 北京：华夏出版社，2013.

［38］ 一行禅师. 正念的奇迹 ［M］. 丘丽君，译. 北京：中央编译出版社，2018.

第 3 章

［1］ 克雷纳. 管理百年（经典版）［M］. 闫佳，译. 北京：中国人民大学出版社，2013.

［2］ 罗斯. 平均的终结：如何在崇尚标准化的世界中胜出 ［M］. 梁本彬，张秘，译. 北京：中信出版集团，2017.

［3］ 江光荣. 人性的迷失与复归 ［M］. 北京：生活书店出版有限公司，

2021.

［ 4 ］ ROGERS C R. A theory of therapy, personality, and interpersonal relationships, as developed in the client-centered framework. In S. Koch(Ed.), Psychology: a study of a science, (Vol.3): Formulations of the person and the social context［M］. New York: McGraw-Hill, 1959: 184-256.

［ 5 ］ ROGERS C R. On becoming a person［M］. Boston:Houghton Mifflin, 1961.

［ 6 ］ MCCLELLAND D C. Testing for competence rather than for 'intelligence'［J］. American psychologist, 1973, 28(1): 1-14.

［ 7 ］ 稻盛和夫. 斗魂：稻盛和夫的成功热情［M］. 曹岫云，译. 北京：人民邮电出版社，2021.

［ 8 ］ HODGES T D, CLIFTON D O. Strengths-based development in practice. In P.A. Linley & S. Joseph(Eds.), Positive psychology in practice［M］. New Jersey: Wiley and Sons, 2004: 256-268.

［ 9 ］ 白金汉，科夫曼. 首先，打破一切常规［M］. 鲍世修，等译. 北京：中国青年出版社，2002.

［10］ 德鲁克. 卓有成效的管理者［M］. 许是祥，译. 北京：机械工业出版社，2019.

［11］ KESEBIR P. Virtues: irreplaceable tools to cultivate your well-being［EB/OL］. https://centerhealthyminds.org/join-the-movement/virtues-irreplaceable-tools-to-cultivate-your-well-being.

［12］ 白金汉，克利夫顿. 现在，发现你的优势［M］. 方晓光，译. 北京：中国青年出版社，2002.

［13］ 彼得森. 打开积极心理学之门［M］. 侯玉波，王非，等译. 北京：机械工业出版社，2016.

［14］ VALLERAND R J, BLANCHARD C, MAGEAU G A, et al. Les passions de l'âme: on obsessive and harmonious passion［J］. Journal of personality and social psychology, 2003, 85: 756-767.

［15］ 布鲁克斯. 第二座山：为生命找到意义［M］. 刘军，译. 北京：

中信出版集团，2020.

［16］ 米勒. 坚毅：培养热情、毅力和设立目标的实用方法［M］. 王正林，译. 北京：机械工业出版社，2019.

［17］ 德鲁克. 管理的实践［M］. 齐若兰，译. 北京：机械工业出版社，2018.

［18］ WRZESNIEWSKI A, DUTTON J E. Crafting a job: revisioning employees as active crafters of their work［J］. Academy of management review, 2001, 26: 179-201.

［19］ VALLERAND R J. On passion for life activities: the Dualistic Model of Passion［M］. In M. P. Zanna (Ed.), Advances in experimental social psychology. New York: Academic Press, 2010，42：97-193.

［20］ CURRAN T, HILL A P, APPLETON P R, et al. The psychology of passion: a meta-analytical review of a decade of research on intrapersonal outcomes［J］. Motivation and emotion, 2015, 39: 631-655.

［21］ 斯奈德，洛佩斯. 积极心理学：探索人类优势的科学与实践［M］. 王彦，席居哲，王艳梅，译. 北京：人民邮电出版社，2013.

［22］ 塞利格曼. 习得性无助［M］. 李倩，译. 北京：中国人民大学出版社，2020.

［23］ 塞利格曼. 学习乐观［M］. 洪兰，译. 北京：新华出版社，1998.

［24］ 韦丁，科尔西尼. 当代心理治疗［M］. 伍新春，臧伟伟，付芳，等译. 10 版. 北京：中国人民大学出版社，2021.

［25］ 德韦克. 终身成长：重新定义成功的思维模式［M］. 楚祎楠，译. 南昌：江西人民出版社，2017.

［26］ 希思 C，希思 D. 决断力：如何在生活与工作中做出更好的选择［M］. 宝静雅，译. 北京：中信出版社，2014.

［27］ DECI E L, RYAN R M. The "what" and "why" of goal pursuits: human needs and the self-determination of behavior［J］. Psychological inquiry, 2000, 11(4): 227-268.

［28］ LUFT J, INGHAM H. The Johari Window: a graphic model of awareness in interpersonal relations［J］. Human relations training news, 1961, 5(1): 6-7.

［29］萨维科斯. 生涯咨询［M］. 郑世彦，马明伟，郭本禹，译. 重庆：重庆大学出版社，2015.

［30］MARKUS H, NURIUS P.Possible selves［J］. American psychologist, 1986, 41(9): 954-969.

［31］范德. 人格谜题［M］. 许燕，等译. 4 版. 北京：世界图书出版公司，2009.

第 4 章

［1］波特. 竞争优势［M］. 陈丽芳，译. 北京：中信出版社，2014.

［2］爱迪思. 企业生命周期［M］. 赵睿，译. 北京：华夏出版社，2004.

［3］国家统计局. 中国统计年鉴［EB/OL］. http://www.stats.gov.cn/tjsj/ndsj/.

［4］2021 Berkshire Hathaway Annual Meeting［EB/OL］.（2021-05-01）. https://buffett.cnbc.com/video/2021/05/03/part-1---2019-berkshire-hathaway-annual-meeting.html.

［5］吴军. 智能时代：大数据与智能革命重新定义未来［M］. 北京：中信出版集团，2016.

［6］赫拉利. 人类简史：从动物到上帝［M］. 林俊宏，译. 北京：中信出版社，2014.

［7］克里斯蒂安. 时间地图：大历史导论［M］. 晏可佳，等译. 上海：上海社会科学院出版社，2007.

［8］里夫金. 第三次工业革命：新经济模式如何改变世界［M］. 张体伟，孙豫宁，译. 北京：中信出版社，2012.

［9］布莱恩约弗森，麦卡菲. 第二次机器革命：数字化技术将如何改变我们的经济与社会［M］. 蒋永军，译. 北京：中信出版集团，2016.

［10］ 施罗德. 滚雪球：巴菲特和他的财富人生［M］. 覃扬眉，丁颖颖，张万伟，等译. 北京：中信出版社，2009.

［11］ 达利欧. 原则：应对变化中的世界秩序［M］. 崔苹苹，刘波，译. 北京：中信出版集团，2022.

［12］ 桑德伯格. 向前一步：女性、工作及领导意志［M］. 颜筝，等译. 北京：中信出版社，2013.

［13］ 华牧. 创华为：任正非传［M］. 北京：华文出版社，2017.

［14］ 艾萨克森. 史蒂夫·乔布斯传（修订版）［M］. 管延圻，魏群，余倩，等译. 北京：中信出版社，2014.

［15］ 施兰德，特策利. 成为乔布斯［M］. 陶亮，译. 北京：中信出版集团，2016.

［16］ 李志刚. 九败一胜：美团创始人王兴创业十年［M］. 北京：北京联合出版公司，2014.

［17］ 德鲁克. 管理的实践［M］. 齐若兰，译. 北京：机械工业出版社，2018.

第 5 章

［1］ 伯克利 E，伯克利 M. 动机心理学［M］. 郭书彩，译. 北京：人民邮电出版社，2020.

［2］ 霍尔沃森. 如何达成目标［M］. 王正林，译. 北京：机械工业出版社，2019.

［3］ 伊瓦拉. 转行：发现一个未知的自己［M］. 张洪磊，汪珊珊，译. 北京：机械工业出版社，2016.

［4］ 霍夫曼，卡斯诺瓦. 至关重要的关系［M］. 钱峰，译. 北京：北京联合出版公司，2013.

［5］ 赫茨伯格，莫斯纳，斯奈德曼. 赫茨伯格的双因素理论［M］. 张湛，译. 北京：中国人民大学出版社，2009.

［6］ 厄廷根. WOOP 思维心理学［M］. 吴果锦，译. 北京：中国友谊出版公司，2015.

［7］ 金树人. 生涯咨询与辅导［M］. 北京：高等教育出版社，2007.

［8］ 王彤，黄希庭. 心理学视角下的人生目标［J］. 心理科学进展，2018, 26（4）：731-743.

［9］ 弗兰克. 活出意义来［M］. 赵可式，沈锦惠，朱晓权，译. 北京：生活·读书·新知三联书店，1998.

［10］ 柯维. 高效能人士的七个习惯［M］. 高新勇，王亦兵，葛雪蕾，译. 北京：中国青年出版社，2010.

［11］ 戴蒙. 目标感［M］. 成实，张凌燕，译. 北京：国际文化出版公司，2020.

［12］ ［感动中国2020年度人物颁奖盛典］张桂梅　素心托高洁［Z/OL］.（2021-02-17）. https://tv.cctv.com/2021/02/17/VIDEE38TcjdRkHHL7NNBqRNr210217.shtml.

［13］ ［面对面］张桂梅：大山里的女校［Z/OL］.（2020-06-28）. https://tv.cctv.com/2020/06/28/VIDETKa7liDk7PSD8gpipvVs200628.shtml.

［14］ 《三农群英汇》20210104 乡村振兴人物榜展播——张桂梅［Z/OL］.（2021-01-04）. https://tv.cctv.com/2021/01/04/VIDEnIyfUBNQzrlV20JpxjYD210104.shtml.

［15］ 蔡志忠. 蔡志忠：动漫一生［M］. 南京：译林出版社，2021.

［16］ 杜尔. 这就是OKR：让谷歌、亚马逊实现爆炸性增长的工作法［M］. 曹仰锋，王永贵，译. 北京：中信出版集团，2018.

第6章

［1］ 查兰，德罗特，诺埃尔. 领导梯队：全面打造领导力驱动型公司［M］. 徐中，林嵩，雷静，译. 北京：机械工业出版社，2011.

［2］ 乔根森. 纳瓦尔宝典：财务与幸福指南［M］. 赵灿，译. 北京：中信出版集团，2022.

［3］ 汉迪. 第二曲线：跨越"S型曲线"的二次增长［M］. 苗青，译. 北京：机械工业出版社，2017.

［4］ 莱斯. 精益创业：新创企业的成长思维［M］. 吴彤，译. 北京：

中信出版社，2012.

［5］ SHAH N, SABET B, LUM J, et al. Create something and start selling it ［J］. Harvard business review, 2018, 5-6: 55-57.

［6］ 巴拉巴西. 巴拉巴西成功定律［M］. 贾韬，周涛，陈思雨，译. 天津：天津科学技术出版社，2019.

［7］ GRANOVETTER M S. The strength of weak ties ［J］. American journal of sociology, 1973, 78(6): 1360-1380.

［8］ 克里斯塔基斯，富勒. 大连接：社会网络是如何形成的以及对人类现实行为的影响［M］. 简学，译. 北京：中国人民大学出版社，2013.

［9］ 格兰诺维特. 找工作：关系人与职业生涯的研究［M］. 张文宏，译. 上海：格致出版社，2008.

［10］ 秦弋，刘东畅，窦凯. A类人才：从组织社会到网络社会的人才法则［M］. 北京：电子工业出版社，2022.

［11］ 巴拉巴西. 链接：商业、科学与生活的新思维［M］. 沈华伟，译. 杭州：浙江人民出版社，2013.

［12］ BACKSTROM L, BOLDI P, ROSA M, et al. Four degrees of separation ［C］. WebSci'12: Proceedings of the 4th Annual ACM Web Science Conference, 2012: 33-42.

［13］ EDUNOV S, BHAGAT S, BURKE M, et al. Three and a half degrees of separation ［EB/OL］. (2016-2-4). https://research.facebook.com/blog/2016/02/three-and-a-half-degrees-of-separation/.

［14］ 戴尔，葛瑞格森，克里斯坦森. 创新者的基因［M］. 曾佳宁，译. 北京：中信出版社，2013.

［15］ 凯利. 技术元素［M］. 张行舟，余倩，等译. 北京：电子工业出版社，2012.

第 7 章

［1］ GREENHAUS J H, BEUTELL N J. Sources of conflict between

work and family roles［J］. The academy of management review, 1985, 10(1):76-88.

［2］ 吉斯伯斯，赫普纳，约翰斯顿. 职业生涯咨询——过程、技术及相关问题［M］. 侯志瑾，译. 2 版. 北京：高等教育出版社，2007.

［3］ SUPER D E. Career and life development. In D. Brown, L. Brooks, and Associates(Eds.), Career choice and development［M］. San Francisco, Calif: Jossey-Bass Publishers, 1984.

［4］ 金树人. 生涯咨询与辅导［M］. 北京：高等教育出版社，2007.

［5］ 论语［M］. 陈晓芬，译注. 北京：中华书局，2016.

［6］ 亚里士多德. 尼各马可伦理学［M］. 廖申白，译注. 北京：商务印书馆，2003.

［7］ 古希腊罗马哲学：西方古典哲学原著选辑［M］. 北京大学哲学系外国哲学史教研室，编译. 北京：商务印书馆，2021.

［8］ DIENER E, SUH E M, LUCAS R E, et al. Subjective well-being: three decades of progress［J］. Psychological bulletin, 1999, 125(2)：276-302.

［9］ DIENER E, EMMONS R A, LARSEN R J, et al. The satisfaction with life scale［J］. Journal of personality assessment, 1985, 49：71-75.

［10］ KAHNEMAN D, DEATON A. High income improves evaluation of life but not emotional well-being［J］. Proceedings of the national academy of sciences, 2010, 107(38)：16489-16493.

［11］ 诺奇克. 被检验的人生［M］. 姚大志，译. 上海：上海译文出版社，2015.

［12］ MASLOW A H. Motivation and personality［M］. New York：Harper & Row, 1954.

［13］ 塞利格曼. 持续的幸福［M］. 赵昱鲲，译. 杭州：浙江人民出版社，2012.

［14］ 蔡志忠，李虹. 我命由我不由天［M］. 北京：现代出版社，2020.

［15］ ROGERS C R. On becoming a person ［M］. Boston：Houghton Mifflin, 1961.

［16］ 庄子［M］. 孙通海，译注. 北京：中华书局，2016.

［17］ 金刚经［M］. 鸠摩罗什，译. 丁福保，笺注. 上海：上海古籍出版社，2020.

［18］ 圣吉. 第五项修炼：学习型组织的艺术与实践［M］. 张成林，译. 北京：中信出版社，2009.

［19］ 大学·中庸［M］. 王国轩，译注. 北京：中华书局，2016.